朱天心

# 那猫那人那城

河南文艺出版社
·郑州·

**图书在版编目(CIP)数据**

那猫那人那城 / 朱天心著 . —郑州 : 河南文艺出版社 , 2021.8

ISBN 978-7-5559-1104-3

Ⅰ . ①那… Ⅱ . ①朱… Ⅲ . ①散文集 – 中国 – 当代
Ⅳ . ① I267

中国版本图书馆 CIP 数据核字 (2021) 第 024659 号

那猫那人那城

朱天心 著

---

责任编辑　陈　静
特约编辑　黄盼盼　黄平丽
装帧设计　陆智昌
内文制作　陈基胜

出版发行　河南文艺出版社
本社地址　郑州市郑东新区祥盛街27号 C座 5楼
邮政编码　450018
承印单位　山东新华印务有限公司
开　　本　850毫米 × 1168毫米　1/32
印　　张　9.5
印　　数　1—10,000
字　　数　154 000
版　　次　2021 年 8 月第 1 版
印　　次　2021 年 8 月第 1 次印刷
定　　价　69.00元

---

朱天心和橘子，二〇一一年摄于台北家中

# 自序　我的街猫朋友——志工们

自从二〇〇三年我陆续写猫文出猫书以来，不时被不熟的人问（因旧识不会问这种问题）："什么时候开始关心开始做流浪动物保护议题的？"

我想都不用想地回答："上个世纪。"更精确地说，从我出生始，真的，童年照片里，没有一张妈妈怀抱我们的留影，都是妈妈抱着猫或狗，一旁脏兮兮地蹲着坐着也搂着猫狗的三岁五岁我们姐妹。

那些猫狗，是早我们先来的家庭成员猫大哥狗大姐，它们在世间浪荡讨生活，路过我们家，留下来了，与我们好像。（我们不也是从哪个乌何有之乡来此世间浪荡，被父母收留？）

其实，在这地球，在这岛、这城市、这兴昌里，像我们如此长年默默在做的并不少（虽然永远嫌太少），真的是默默，因为我认识在做流浪狗保护的志工友人，总能轻易就号召组织，做事之余也常联谊聚聊，有泪水，但都很阳光。猫志工们就大不同，总独来独往，月黑风高才出没（怕被嫌恶动物的邻居阻拦恐吓羞辱固是原因，忧惧街猫因吃着一日的唯一一餐而行踪暴露于风险中才更是主因），因此要找到他／她们，并联系、合作（TNR，街猫捕捉绝育回置），比驯化一只猫科动物更难（谁见过一只驯化的猫科动物？无论大小，别老举那头哈罗德百货公司买的小狮子克里斯汀当例子）。

所以，尽管我们兴昌里二〇〇七年就已加入台北市政府动检所（现为动保处）的“街猫 TNR 计划”（二〇一八年已进展到有二〇六个里，也就是四分之一个台北市在做），但我们从不奢望寻找或依赖其他在默默喂食照养街猫的志工们。

（不少人称这些志工们为“爱妈”，爱心妈妈的简称，其实爱妈有很多不只是干练的上班族单身女孩和退休的家庭主妇妈妈，还不少是大学研究所男生、上班族、退休老爹……）

但有趣的是，我们是先认识食物才认得人的，所以很长一段时间，对那些神秘未现身的志工们我们是以食物为名的，喂食的车底，偶尔去晚了十分钟，便见有吃剩的饼干渣（猫则一旁洗脸舔掌），“伟嘉的”“皇家的”“拌白金罐的”“周末喂猫人”“猫大王”（与我们家定期叫货的“猫大王”店同款饼干），于是便会有这样的对话：“那个伟嘉的疯了，六灰灰胖成这样还开白金罐，他小孩一定和六灰灰一样胖。”“周末喂猫人大概出远门了，好久没见她的饼干。”

那些饼干，不同厂牌、不同造型，在黑夜的车底如深林小径的仙子指路的宝石闪闪发光，也如神秘的密码放着信息，那些人，那些街猫们的人族朋友，成了孤僻成性的我在人生走了一半时竟然最想认识的人。

一年后，因为没有停过的社区街猫危机（如出一辙的总是一二名偏执憎恶动物的居民促成住委会做出凌驾违逆台北市动保政策法令的决议，擅自捕捉已 TNR 的街猫野放或不知下落），我们成了紧密的战友："林茵大道"的高宝猜全家及乖子徐多、"爱眉山庄"的高丽英和美丽强悍的香港女孩林翠珊、"南方艺术宫殿"酷酷的丁国云……我们互相在对方离台或有应酬的夜晚接手彼此辖区的猫、互通讯息（街猫通常有固定的领域，但有时也会不明原因越区或失踪）、彼此打气支撑（街猫常有的不测、消逝、车祸的惨状、病痛的折磨），难以对别人掉的泪水幸亏有彼此，哭一场，并共同深深记忆。它们，尽管匆匆但确实来世一场，我看见，我记得，多么孤单，孤单到会动摇、会怀疑那些记忆是真的假的（一只只不会说话的猫、在那宽阔无际的滔滔时间大河角落信赖凝望着你的身影），于是我深感庆幸我们有彼此，翠珊记得那两只来不及长大便遭遇车祸的橘白小公猫，国云的三花奶奶，宝猜记得大黑公，记得白爸爸，记得大橘橘、发发、双双、小肥黄……并一起在电话中为之啼泣。

那么，一切都是真的了。

# 目 录



## 猫 族

## 人 族

## 共生的时空

# 猫族

# 五十六号猫巷

## 司马大宅

照片中这两只盯着拍摄人族的小猫，和很多街猫一样，出生时辰不详，它们如同这城市最强悍坚忍的雀榕，一阵风、某只鸟的经过，种子一样地飘落，兀自生长（兀自的意思是，有时猫妈妈只是暂时离开觅食、有时是一去不回被车撞死或人族的各种伤害包括自以为好心地抓送去“动物之家”，不知“动物之家”并不如其名是个衣食无忧可以终老的快乐农场，通常无人认养七至十天便处死）。

这两只小猫飘落在我同里的近邻别墅区的司马中原的大宅院中。司马先生爱好天然，像饲鸟一样喂食路过他庭院的街猫，很快地，它们生养至十数只。二〇〇六年夏天，四只母猫同时生产，猫科通常一胎四只，这十六只奶猫未睁眼就同时得了猫瘟，一星期内陆续全数死在司马家后院。司马先生心脏再强也受不了，求助于我们。

那年夏天的台风天前，我们和 KT & 叶子这对动保圈的传奇神雕侠侣花了几个晚上捕捉到猫咪们（Trap），带去动物医院结扎（Neuter），公猫以剪左耳尖、母猫剪右耳尖为记，再放回原处（Release），即所谓的 TNR，是国外进步城市对待流浪街猫最有效也最文明人道的方式。

当然永远会有漏网之鱼（生命自会找寻出路），总有那机警谨慎从不露行踪的母猫，哪怕方圆一公里的公猫们都被我们结扎尽，她仍可时候到了就大肚子，我们的吴医生说："她们好像会无性生殖耶。"

## 灰白白

这两只漏网小猫，左边的叫灰白白，右边的叫白嘴巴，都曾在离开司马家庭院、寻找并捍卫自己的领域地盘时短暂当过一阵子猫老大。先说灰白白，灰白白的地盘在离司马家不远的别墅区边缘的某三四户人家后院雨棚墙头，它在我们还未发现已长成该结扎时就一连讨了两房老婆——时间轴倒转，或该说，我们是因发现它两房老婆的生养，从小猫花色长相才惊觉，"哎呀，灰白白当爸爸了！"

灰白白的两房老婆是漏网的姐妹俩，胆小无影到要不是密集的生产，我们根本不知她们的存在。

成年后的“灰白白”与“白嘴巴”

姐妹俩是黑玳瑁，黑夜里看就是只黑猫，有光之所在呈现的是炭黑中隐隐的黄或橘，似琥珀似掐金丝工艺，但连爱猫人也通常觉得她们很丑或被横生闪电的斑纹给破相了，所以认养率超低，难怪有一阵子 KT“台湾认养地图”* 的网页会跑马灯一样老跑着一圈字句“黑玳瑁是好猫、黑玳瑁是好猫……”起洗脑作用。

确实，我曾有机会与不止一只黑玳瑁共处过，她们一律是母猫，都安静甜美聪明得不得了，总让我想起格林《人性的因素》里男主角娶的那名南非黑肤女子。

## 震震

黑玳瑁之一于去年五月十二那天在隔巷五十六号邻居的鞋箱刚产下第一只，一小团模糊血肉吓坏了正要穿鞋出门的租房女生，天文应房东求助赶去，边肩夹手机听吴医生指导边帮小猫处理脐带、清理胎衣血污——就是这小猫，长得与灰白白一模一样（孩子真不能偷生哪），那日下午发生“川震”，便取名叫“震震”，震震三个月后被一竹科工程师认养，幸福快乐（你看，竹科工程师并非都是偷拍内裤狂或虐猫人）。

至于震震妈，以产房门号五十六得名，就叫五十六，五十六

* 指台湾动物保护组织“台湾认养地图”协会。

“五十六”被诱捕后送至动物医院所拍的记录照，可以清楚看到玳瑁猫的特征，大部分的黑与少部分的黄相互交杂

“六月”和“五月”，是“五十六”其后生产的小猫

忍耐一天之后，又回同样地点生完三只小猫，我们猜，这地点是五十六打探了一两个月认定再理想不过的产房，我们等她产完，便诱捕到她（恕我不打算描述诱捕的方式过程及细节，因担心读文章的不见得个个是爱动物人或正常人），连她带四小猫到“认养地图”办公室叶子特别布置的专区坐月子，直至幼猫可断奶独立，便将五十六结扎放回她原地盘，小猫们全数存活，健康可爱顺利被认养（咦，包括一只复刻妈妈的小黑玳瑁）。

## 陈玳瑁

稍晚于五十六几天，别墅边间陈家前来抱怨他们家后院原是车库的仓库有小猫哭声，我们立即前往（若不，通常邻居的反应是：那就塑胶袋装一装，晚上丢垃圾车啰），这也才发现还有一只黑玳瑁妈妈，这玳瑁以房东姓，我们叫她陈玳瑁。陈玳瑁棘手许多，因她将小猫们东个西个藏得很好，只闻其声，我们只好说服房主陈妈妈，让我们持续稳定地喂食，等它们大些熟些再抓去 TNR 或认养。

那个夏天台风特多，每晚我和天文去喂陈玳瑁一家都不管穿戴雨具仍浑身湿透，猫没被感动房主却被我们打动，不再催促不再抱怨，还交了一把大门钥匙给我们，偶尔也会向我们通报他们白天隔窗看到的小猫只数、花色。也就是在这两个月，我们发现灰白白也住在这车库，它每每远远观察我们，等我们放完猫食、换干净饮水、清理、离开，陈玳瑁母子从四面八方跳下用餐（有一只最胆小的，永远不下来，倒悬个小三角尖脸偷看我们，蝙蝠侠一样），总等母子吃完灰白白才最后一个吃，是只一点都不父权的好爸爸好老公。

暑假结束（这回拖得有些久，因为我们每每不忍打扰它们这美好的天伦图，总互望一眼：“还是下星期吧”），灰白白和陈玳瑁抓去结扎放回，小猫们经叶子神奇调教都亲人、都被认养。灰白白自在了半年（不需为求偶搏命打斗），农历年的鞭炮声中再不见了。

## 白嘴巴

除了日常的艰险（大多数来自人族的恶意或无知），我们最替它们担心的两种劫难，一是超级强台风，二是农历年的鞭炮阵，每在那来临的前夕，我总忍不住对眼前静静用餐的猫咪们叮嘱：“保重啊，好好活，我们明天见。”因为通常总有几只胆小惊恐或运气不佳的猫咪再也不见。

至于照片右边灰白白的兄弟白嘴巴呢？白嘴巴跑得远多了，它横越两大块新旧社区，到山坡的电梯公寓住宅区当猫老大，吓坏了一群和平相处被我们结扎的单身汉俱乐部，俱乐部成员中一只因幼时被其母丢窝而天天大声哭喊以得名的“乌鸦鸦”最敏感，总是好好的突然望空一嗅，半秒内爬上

“白嘴巴”与另外两只已绝育的母猫

最近的一株树上作无尾熊状，我们无奈叹气：“白嘴巴来了。”

数分钟后，白嘴巴果然远远那头缓步前来。白嘴巴个头不大，街猫再年轻健康也不至皮毛丰美壮硕，我们完全看不出白嘴巴有何雄壮威武到单身汉们闻风丧胆。闻风，是了，大概是尚未结扎的男子汉气味吧，所以为了公平故，我们还是决定抓白嘴巴去结扎。

## 橘 gay gay

放回后的白嘴巴，曾不见踪影一段时日，这正常，因它得重新估量这地盘的安全性。春天过了，我们家不远的车底下新出现一对成年黄猫（我们通常在车底喂食，防雨、防狗），两只猫要好到不行，同进同出同食，从未有任何争食张力，我们用手电筒观察，橘白猫竟然是白嘴巴！它变得好干净，好斯文，一点都不 man，那、那只黄猫呢？竟是一只没结扎过的橘虎斑公猫，我们很为白嘴巴有个好友高兴，但也奇怪这只公猫怎么从不远游（哪怕是遥远风中一丝丝母猫的发情讯息），因此给始终未命名的大橘猫取名“橘 gay gay”。

最终，还是把橘 gay gay 抓去结扎，手术和术后住院的那五天，白嘴巴也不畏我们家犬五只、猫十七只的跑到我们家门前声声呼唤，那内容任谁都听得懂：“我的橘 gay gay 呢？”因为屋里每一个不忍的人族开门出去对它说的话都相同：“再五天（或后天、明天）就回来啦，放心。”

如今，白嘴巴和橘 gay gay 仍是双人芭蕾舞姿迎人，是我最觉愉快的一个喂食点，偶尔冬日出太阳的日子，我会看到它们二只紧偎一起沉睡在人家的阳台、洗衣机或墙柱上，最美丽的风景。

## 人族的见证

何以要在人的故事、受损伤受侮辱的人的故事都来不及说的时候，这样巨细靡遗地写街猫的故事，甚至为它们画家族树呢？……我想，可能是极简单的一个心情：我不愿意、我不相信，它们的来此世此城一场，是无意义、如草芥如垃圾的（他们众口一致告诉我：不然就塑胶袋装装丢垃圾车。他们说的是一窝窝你在动物纪录片中会让人惊叹“好可爱唷！”才要睁眼看世界的奶猫），是老天的无聊恶戏……我要以笔见证，我目睹过它们，认真地在这人族占尽资源的城市艰难生存的模样，它们或精彩或平凡，或逍遥或百无聊赖，或潦倒落魄，我都看到了，跟我们人族一样，没有一只是可被取代、该被抹销的。

我很幸运，在有各式各样精彩的人族朋友之外，还有同样不少更值一说的街猫朋友，尽管城市生活使得它们通常生命极短暂，前一晚它还跟着我脚畔送到下一个喂食点，第二天就听清晨扫街的清洁队员说它被车撞死了。我的心脏，因此变得比旁人坚硬刚强，也比谁的都易碎。

但,这已无法选择。二〇〇八年三月,我曾应诚品《好读》约稿写动物文章,我自定题目叫“猫吾猫以及（无）人之猫”，文末，我白纸黑字立誓过，只要街头还有一只流浪猫，我就绝不再写一字家中快乐幸福的猫故事（尽管它们没有一只不是这里那里捡回来的）。我这并不算食言吧，因为我想一则一则写一本《我的街猫朋友》的故事，这也许是年轻的好友KT做了几年的以摄影记录下它们存在一场的相同心情吧?

天文会接续写另一本街猫故事，但她已郑重告诉我，她绝不写病痛伤逝，她要每一个生到她国里的众生，都要从七宝池的莲花里出生，莲花大如车轮，微妙香洁……其实，她早已说到做到。

通常街猫死去，皆被路人或清洁队员丢垃圾车，天文总在闻讯的第一时间,接回它,清理它(我猜),摆平它的拗折(我猜)，重新摆好乖猫咪沉睡的模样（我猜），用平日收妥的包装纸缎带，装成最美丽的礼物。我猜，是因为整个过程通常我都逃得远远的。盟盟说：“我主人的副业是纳棺师。”而后送至动物医院，花费千元不等，动物医院会再送动检所火化。

天文一直以这种方式证明，它们不是垃圾，它们都是跟我们一样认真过活的、生命。

二〇一〇年一月

# 新房子猫群

## 猫志工

照片中龙行虎步的这对街猫兄妹，左边的叫葛格，右边的叫甜橘，是三年前夏天在一条新路发现的。

先说“新路”，在长期照护街猫的志工中，是个别有意义的词，例如，大约也三年前，我行经木栅捷运辛亥站出来右转的一列屋顶与路面等高的老房子（那曾是大学时我和唐诺几个男生常打撞球的地方，现已改建成大厦住宅的“环游市”），那里例行的有几只街猫在晒太阳，并不太饥寒潦倒，应是有人在照护的，但我仍忍不住拿出随身必带的猫罐罐开了请它们下午茶，它们闻香谨慎地前来，边吃边打量我。

等它们吃干净了我才离开，走不远回首再看它们一眼，却见远处有一男子走近猫咪们，在随身袋里掏摸着，我紧盯他，担心又是虐猫人，果然那男子掏出东西掷向猫咪们，我连忙奔去打算骂人——画面却很诡异，猫咪群起迎向他。

到了跟前，才发现猫咪们正香香地吃着男人所掷的鸡肝、鸡胸肉等，原是猫党同志。

同志姓许，已退休十年，正好喂街猫十年把退休金用光光（他说以后得靠事业有成的子女们的孝敬金了），这十年的生活是，每早跑三个传统市场，将鸡贩老板为他收集并便宜卖他的鸡杂收回家，整个中午大锅烹煮晾凉，下午出门喂，他的路线是：从捷运辛亥站一路喂到兴隆公园当时的马市长家楼下。

这并非我听过最长的喂猫路，截至目前我知道最长的是新店花园新城的林素兰，她每晚十一点从社区猫喂起，一路喂到南门市场，四点回家，不含偶尔被仇猫的居民纠众要打她或叫了警察以“破坏环境卫生现行犯”拘捕她。

“好怕走新路。”许先生一语道破我们的心情，好怕走新路，好怕因此发现到新的受苦的街猫或失怙的小奶猫，好怕那牵挂长成无限绵延没有穷尽的路的网今生挣脱无望。

我们在说话的同时，老房子那头怪手正轰轰然地在拆屋，许先生世故地安慰我：“就当我们遇到九二一*吧，活不活得下来看它们造化。”

我们互留了联络方式以便日后有个奥援支撑，许先生说

* 指一九九九年九月二十一日，台湾发生的大地震。

葛格（左）与甜橘（右），二OO八年八月二十一日下午新房子旁

捷运辛亥站旁的老砖瓦屋曾是猫乐园

起他的下一个喂食点，一只车祸三脚猫，是他风雨无阻的动力，他说着，流下泪来，掏不出手帕，只得掩面。呀……也是个自以为心已经修补好了的人。

## 猫天敌

三年前的夏天，就在我们例行喂完一圈街猫，并为“一个都没少、个个都结扎”而倍感轻松愉快时，我寻香为看是谁家盛开的昙花而误入了平日不走的巷弄“新路”，街灯下，一时数不清大大小小的猫群正在吃某邻人刚倒的厨余。其中最鲜明的是四只小黄猫，我们后来依它们长相个性行止取名为葛格、甜橘、车底黄（胆小从不出来）、乱跑黄（满村乱跑，找不到自己地盘，结扎后放回，半年后不知所终）。

我们立即开始介入，从喂食起，因街猫最常被人抱怨的脏乱其实源自好心人不当的喂食（厨余），殊不知人不吃的大多猫也无法吃，如虾蟹壳、鸡骨猪骨、蛋壳、叶菜果皮果核，更别说还有汽水罐、烟蒂、卫生纸……（这，怎么会是街猫制造的脏乱？）

其二是该地点在别墅区边缘。这些年与各种人族的沟通经验，他们是人族中最难沟通的，他们动辄说出“物竞天择、适者生存，小姐，它们本来就是该被淘汰的”。在他们脑中，弱势的人恐怕也是吧。

别墅居民那阵子夜夜守着我们喂猫时间堵人骂人，不听我们说明："我们喂猫粮后环境不是干净多了？""我们持续喂食是为要抓它们去结扎，这样数量才得控制，是取代扑杀进步人道的做法。"……

他们一句也不愿听，祭出最后通牒："反正这是我们的院子围墙，我不许它们在围墙在我们眼里，你们再不带走，我们只好下毒，要不抓了丢山里桥下。"

我们只好背诵"动保法"："依'动保法'，恶意或无故骚扰、虐待或伤害动物，罚锾一万五～七万五。致伤重或死亡者，一年以下有期徒刑。"

人的沟通必须诉诸法规还真是没意思。

是他们说到做到吗？短短数日，两只猫不见了，我们只得想办法以喂食把它们诱到稍远的三岔路口的三社区不管的公共人行道旁，快吃快解散。那地点最邻近的社区才刚建好，我们便叫那个喂食点为"新房子"（以别于其他七八个点）。

新房子最盛时包括甜橘四兄妹有十只猫，目睹过盛况的包括也喜欢动物、随我们走过一趟喂猫路的中翻英译者小白（白睿文，Michael Berry，任教 UCLA，译过大春的《野孩子》，正在译舞鹤的《余生》）。

十只猫在三年前的夏天一口气被我和天文抓去绝育。抓猫时，不得擦抹任何防蚊精油（猫对刺激尤其芸香科植物精油强烈敏感），黑里，你得把自己站到和电线杆或路树一样的已成背景的一部分，不致让机警的猫生疑，一个晚上下来，两人小腿手膀皆成红豆冰。

通常天文负责操作猫笼和随临场调整，我则像拍片现场的剧务守路口，建议路人改道或稍待并解说 TNR 的意义。

好捉的猫，一晚就抓到，难抓的，多则七晚，十只猫抓完，恰恰整个暑假就结束了。

## 甜橘

很快地，我们便发觉甜橘又是一只只要爱情不要面包的猫，每一猫聚落中，总有那么一两只，喂食时，它总不像其他猫急急吃这一天中唯一的一餐，它静静仰脸看你，甚至趁乱前来偷偷蹭你脚，而后一路尾随你直至快出它的领域了，路灯下，痴痴的一尊猫剪影。

对此，我有小虚荣，却也理智地并不希望这样，因为并非它碰到的每个人族都是友善的，爱上人族或对人失掉警觉，通常会为它招来危险。

甜橘就是每每蹑我脚踪至不能再跟的一〇一巷与九十三巷的三岔路口（那里撞死过不止一只猫、狗），我惯例地留一匙猫罐给它，让它就此打住别跟脚了。一回，我对天文不免骄傲地说：“我觉得我若是只猫一定是个迷人的 T，因为那些甜橘们都爱我到不行。”

嘴白鼻子有点黑黑的是甜橘

天文冷冷回说：“那是因为你的伙食太好啦。”

确实。原先，我们只是十分有意地坚持外头的街猫务必与屋内的猫们吃一模一样的伙食，一为了万一猫粮有任何问题我们才会当下知道,二是“猫吾猫以及人之猫”的一个小小实践吧。

但很快地便发展成，街猫吃得比家猫好，因为觉得家猫通常可以幸福安全地终老，但街猫，你时时神经质这会不会是它的最后一餐？总叫人要把握时机给它们吃最好的，所以确实屋内的猫有时下午茶时间一人一口分食一个猫罐，但街猫们一个点就分一罐。

## 葛格

新房子喂食点的猫虽多却不乱，这往往与带头的猫老大作风大有关系，尽管猫们全都结扎，但依资历、体型仍有层级感，新房子带头的便是照片中的葛格，葛格每次都像个斥候，一闻我们脚踪便发吃饭号的叫声，群猫掩至，它自己一点也不急着吃，一旁觅个制高点把猫群和我们人族一一看在眼里，我总衷心地夸它一声：“好棒的葛格。”

葛格去年农历年后不见，我伤心透顶，几至无力气去面对新房子猫群，但一星期后，葛格在不远隔巷一栋专租学生的屋前车底出现，对我们喵声招呼，它看来健康安好（并非受困于车库或某深墙的人族家院），果如我心底微渺的期望

站在水沟盖边上，鼻嘴有橘色虎斑的是葛格（男生）

是被某猫奴收去屋里了。葛格特此在我们平日喂猫时间出来并知会我们一声，不至叫我想断肝肠。

通常每天稳定出现的街猫若突然不见，只有几种可能：一是遭不测（车祸、狗咬、人族下毒捕杀）；二是隐藏的病急发、找个静暗处熄灯，但这通常有迹可循如吃得少或不吃了；三是受困于地下停车场或某进得去出不来的人族住屋，这得赖它运气好坏或我们的找寻搜索正不正确；四是猫奴抱走收养了。

最后一种的快乐结局却是最无法确知的，我们多希望猫奴抱走一只剪耳街猫时能想法让喂猫志工知道，有些猫，简直叫人悬念终生。

葛格不在，新房子猫群乱了一阵子，正巧三月底我和锦树、以军去香港参加“六十年华文当代文学研讨会”，四天后回来，帮我喂猫的唐诺报告，除了甜橘其他没有一只街猫不如常出现。

我立即猜想，亲人美丽如甜橘，可能又被某猫奴抱走了吧……如此忐忑了半个月（每离开新房子点，我总对空说，甜橘现在可独吃一整个猫罐，不用等我这一匙了吧），忽听到不常走入的“新路”巷子有熟悉的猫叫声，我都还没见到就脱口喊“甜橘”，因那确实是甜橘的喵声，但也再不是甜橘了。

## 最后的新房子路

我还没走近，就嗅到很强的尿骚味，甜橘躲在车底，我用罐头诱出它，它瘦得脱形，拖行着下半身爬出来，街灯下，两只后脚无外伤拗折但废掉了似的，又脏又臭。

我们轻易就把无力的它抓到吴医生处，吴医生初步判断是车撞的，而且半个月了（我懊悔极，为何当时没立即找它）。甜橘的肛门因拖行磨地肿大感染至变形，又因下半身瘫痪状态无法排便，我们只得拜托吴医生先把它的外伤治愈，日后长期的复健我们再接回家。

甜橘住院的半个月，吴医生送它去照X光，还找了在台大动物医院看诊讲课的老同学叶力森会诊。我们几次去看它，甜橘一听我喊它就空中插秧（两前脚轮番推挤动作、猫爪一敛一放，是在猫妈妈怀里吮奶的至福记忆），吴医生喂食，甜橘尚会生命力旺盛地躺卧着将盘子钩近，以爪钩食一口一口吃。吴医生说X光片并不那么明显有脊椎损伤，但不明白也担心它为什么从不试着起身。

我和天文早已暗下决定，甜橘外伤治好也不会将它放回街头，我们打算接回家放我妈卧室，妈卧室是家里的特殊病房，已有一只收了三年的车祸猫姐姐（那又是另一段故事了），姐姐因下半身拗折变形得爬行，所以极神经胆小。吴医生又将甜橘照料得很好，不细看，几乎已恢复到照片中的健康模样……我们摆荡在这两难状况中，延挨了。

以为对猫性再了解不过的我和天文，仍有误判的时候，我们太轻估一辈子（两年）在街头惯了的街猫，一旦生活在虽然风雨饱暖无虞但光亮局限的空间的那种无休止的巨大压力，至解离状态。

不然我们无法解释把甜橘接回的第二天，天文帮它洗了一个温暖的复健泡浴，太阳很好，我们把它放在植满花木的阳台，是那空气中加总的所有熟悉气息故吗？它在我们抱着它、打算喂婴儿食品泥时就松口气离开了，我和天文当场号啕大哭，像最煽情最烂的电视剧中亲人离去时的那种大哭。

我们更惊骇彼此人模人样了半生，原来如此不堪一击。天文哭完告诉我："我们这样不行，还不行。"没练得金刚不坏之身还不行吗？

天文用我们一条常用的丝巾把甜橘包得暖暖的，纳棺师出马果又包裹成美丽的礼物盒。我们提着装着甜橘的礼盒，特走一趟新房子路，四月杪，太阳落了便凉风习习，好可怜呀甜橘，我默念着，两年就是一生，除了医院，一生没跨出我们这个山坡的甜橘，自由好去吧。

次日，报载曾关心我们并捐输过流浪动物的企业巨子半百得一女，我总告诉自己，那是甜橘去投胎享福的，只有这样，我才能重新夜夜有力气去新房子喂猫而不再流泪。

二〇一〇年二月

# 兴昌亚种

## 猫王朝

这些照片中看起来一模一样的猫，并非同一只，而是同属一个庞大的家族中的一只只街猫。

从它们的花色就可想象，不管猫妈妈相不相同，一定曾有一只这样长相的猫大王。

确实这猫大王曾称霸我们这山坡约一年多，那时我们尚不懂得用诱捕笼抓猫去绝育，总还十分农业社会步调地与猫大王及其妻妾们慢慢喂食混熟（短则一两个月，长则经年甚至更长），能近身了，再徒手捉……这期间，它们已生养好几窝啦。

一代的猫王朝就这么来的。

先说徒手抓猫。其实通常都是天文执行，我则像小孩子看人放鞭炮似的远远在一旁掩耳闭眼。街猫抓失败就得从头，甚至花数倍时间重新取得它信任地再来过，所以不能心软松手，天文做得到我做不到。

执行任务那天，天文总像蓝波出任务，双手腕用数条手帕一圈一圈缠得死紧木乃伊状，但街猫挣扎的求生力道永远超过预期，因此天文夏天不敢穿短袖，双腕新伤旧伤累累好不了，像遭家暴或有自残习惯地好吓人。

我们都夜间喂食，所以并没机会为这只猫大王留下任何照片，总以为来日方长机会多得是，但它们生命总是令人再再吃惊地短暂。不过它与它的徒子徒孙完全一个模样：麻质不亮的白毛底，这只背上五个小黄块那只八个小黄斑，以脊椎为中轴线，呈互生或对生。它们个性又极相似，分辨出它们并命名煞费功夫思量，乃至最终会出现贫乏的如黄多多、白多多，或以特定的猫（小六六）为中心辐射出去的命名：六阿嬷、六妈妈、六哥哥、六灰灰……

## 白爸爸

我们叫这只猫大王为白爸爸，以有别于前两王朝的“猫爸爸”和“黄爸爸”。白爸爸的领土遍及整个山坡数社区，但并不常来我们家叨扰，也许我们家母猫全已绝育并无吸引力，公猫也全绝育没有竞争的张力，它只偶尔路过我们后院墙头给众猫备的水罐喝水（很多善待流浪动物的善心人并不知，饮水通常比食物更重要，尤其酷暑连日不下雨、冷气机又不许滴水的台北街头，本来就易有泌尿问题又吃多了人族随意喂食的高咸厨余盐酥鸡，大量的公街猫常死于肾脏病）。

便只有在白爸爸偶尔来饮水的那会儿我们可以偷偷打量它，它们这家族真的长一个样，白脸上的一双眼睛像剪纸像挖洞，并无一般猫咪的睫毛或渐层。它们的皮肤状况皆不好，不亮不密的白毛中隐透着粉红的肤色。

结果白爸爸家族最大的一只出现在我们屋后山坡的“敦南第一景”社区（我一定要点名出来，因它是我遇过最冷酷的社区）。先是那年六月六日一整天，我们屋后连后山社区的阳沟传来小奶猫哭声震天，好不折磨人。天暖，我们努力坚起心肠不去探看，想也许是某有猫人家母猫正搬家的家务事，要不，等待也许有心肠更软的人会去捡拾收养（因为那时家中已有十三只猫和八只老狗）。

最终，我们还是方圆数里心肠最软的，趁天暗前去水沟轻松捡回惊恐的小奶猫，并以捡拾日命名小六六。小六六是个男生，一看就是白爸爸之子，它且粉嫩嫩几无毛发像只裸鼠，决定留下这只“裸鼠”为我们家第十四只猫并不难，只是我们都有隐忧，有一就有三（猫科通常一胎四只），其他三只“裸鼠”哪儿去啦？

## 小六六

一两个月后，“敦南第一景”社区透过里长向我们求助，原来他们社区里街猫前时膨胀到十五六只，几天前有居民下毒，猫们这里一只那里一只死相甚惨（有违中产阶级美学，因为他们一点不反对捕杀猫，只是最好不经由他们的手最好看不见，总之不要死得如此不雅），住户们怕毒饵会被小孩或屋里的血统名贵狗误食或死猫掉进蓄水池……希望我们帮忙用毒杀以外的方法“处理”。

我们得以进入社区（照例，他们以铁栅栏圈围原本是开放空间的中庭），照眼认出六妈妈，六六的同胎大姐二姐三姐（当然，这是后来才知道它们性别的），六哥哥（成猫，可能是前几胎留下的），幸存的它们，潦倒落魄骨瘦如柴得叫人看了掉泪，这社区，开放空间连后山绿地、水土保持山壁，但容不下这几只猫?!

小六六的三个同胞小姐姐已被管理员抓了以铁笼关着，说正要送去“动物之家”（七日后安乐死），笼内未置水粮，大便积成小山，爱干净的猫们只好瑟缩站立在笼子另一角落。我们里那时尚未加入市府动检所的TNR（捕捉绝育回置计划），不能阻止他们捕捉街猫，便商议先抢下七天时间，写了公告贴社区布告栏，告之七日内无人认养，这笼小猫将送“动物之家”安乐死。

新房子妈妈，摄于二OO八年二月二十一日

“第五只”，乌鸦鸦的妈妈

橘猫，全身几乎没有白，它带有螺旋状的斑纹

黑色的虎斑猫，底色棕，“新房子狸狸”

那七日，我们先立即改善猫儿处境，给猫笼加遮雨板，早晚喂食，放猫砂盆、打扫，并照顾一旁流连不去焦虑的六妈妈和六哥哥。那年台风多，我和天文每在中庭一角清理猫笼，笼里三个小姐妹湿冷脏惧，我们总是眼泪掉得比雨还凶。第一次，我很恨人族，我抬头望着四周环绕的社区大楼安适的人家住户，感觉窗帘背后那一双双偷看我们的人眼人心，活这么大，第一次我完全不了解我属于的人族，在想什么啊?!

## 人族的存证信函

七天到，不意外地无人认养甚至闻问，我们把三姐妹送医除蚤打预防针后，送铜锣外公家，外公家屋大院子大，有老猫老狗，有越南女孩阿梅帮忙照顾。偶尔有社区居民问起那三只小猫呢，我们客气回答："因为没人认养，送动检所安乐死啦。"我十足想让他们良心受折磨。

但还剩六妈妈和六哥哥、六灰灰（也是小六六前几胎的哥哥，总胆小四下钻躲永远灰扑扑的）、长尾白四只猫。我们徒手抓唯一的母猫六妈妈去绝育剪耳为记放回，告诉居民不会再有小猫、数量控制住了。我们想办法把居民抱怨的理由拿掉，以换取它们可以在此容身。例如居民抱怨它们会在垃圾收集时间去翻找厨余桶，我们就准时在之前让它们吃饱，并劝导一些自以为好心地将吃剩的便当或鸡骨厨余倾倒在它们出没地弄污环境的人，我们还在中庭角落的石椅下放置猫砂盆，每日上去清理，最怕遇台风大雨，整盆猫砂浸湿既浪费也难清理。

但这日复一日的努力并未被居民们看在眼里，他们极端者一二人的振振言词如“喂我都有缴管理费，它们有缴吗？凭什么可以待在我们社区！”（日后，我会在《残酷语录》中一一记下我听过的不可思议的人族语），而住委会作了决议寄给我存证信函，声明若我再继续在他们社区养猫（我的猫？），他们就要诉诸法令云云。

此中，只有一对爱动物的母女，会在我们喂食、清猫砂时默默站一旁看；还有淑敏，会在天冷我们找猫时，从被窝钻出，笑嘻嘻帮我们偷偷打开社区地下停车场，让我们找寻来取暖受困的猫，淑敏还发动一二住户合写了奖励函谢我们，以平衡前此无情的存证信函。

存证信函后，怕他们又重施毒猫故技，我们试着在喂食时引它们到公共人行道的路边停车车底，这也才发现还有一只一模一样到找不出特征取不出名字的猫，只好取名“第五只”，“第五只”在我们还没掌握它行踪时就偷生了一窝猫，一只它随身带，只要片刻离开，小猫就大哭大叫声震该区大楼中庭，我们叫它“乌鸦鸦”，另一只小猫是第五只在搬家途中暂放淑敏家阳台，说暂放，是第五只后来连七天去找寻，直至淑敏先生看了不忍，出面对它双手一摊说“不在这里了呀”（淑敏说，那是她这辈子第一次也唯一一次看到老公对猫说话），因淑敏第一时间赶忙好心把小猫送我们家，我们取名黄豆豆，唉，花色一想就知道。

## 兴昌亚种

除了花色像，个性更像，故有所谓“兴昌（里）亚种”（海盟语）。兴昌亚种的公猫，个个爱看人族做事，我们这山坡上最老旧的社区，近年从没停止的这家那家动工改建，你随时会看见一只吓不跑的兴昌亚种公猫蹲在墙头默默观察，真的，默默观察，我们家屋内的兴昌亚种公猫，天天不厌倦地看你磨咖啡豆（通常那声响会惊散一屋子猫）、加水、放咖啡粉、按键，它看你洗水果、去皮，看你拆邮件、分类，看洗刷院子，看你操作设定洗衣机按键，乃至几次下来，你要做这些事时，它比谁都快步跑你前头急切地就要开口：“我来我来，我会我会。”

它看成那样，是真会了。

兴昌亚种母猫都是一级棒的妈妈（若它们未遭我们结扎个个有机会当妈妈的话），它们都沉着不言，街猫聚落群中若有一只兴昌亚种母猫当头头，那聚落就又平和又安静不易惊恐躁乱。

我何其有幸像珍古德[*]与岗贝黑猩猩家族那般地结识这兴昌亚种家族，虽然这过程我不确知是泪水多还是快乐多，但终归有多少人可以在这乏味无波的现世如此与其他生灵性命直见地相与呢？

例如很多个好天气的夜晚，我在辛亥小学操场跑道散步，小学夜间部驻校校长“辛亥白爸爸”（与其他又一模一样，真的取不出名字了）就跟在我脚边一圈圈地走，时不时聊两句，总引路过之人侧目问一句：“你家的猫？”

嗯，是我的野蛮好朋友。

二〇一〇年三月

* 也译为珍·古道尔、简·古道尔，拥有极高声誉的英国著名动物学家，致力于野生动物的研究、教育和保护。她二十多岁时前往非洲的原始森林，为了观察黑猩猩，度过了三十八年的野外生涯。

# 最好的时光

## 异族他类自由来去

那时候，大部分人们还在汲汲忙碌于衣食饱暖的低限生活，怎的就比较了解其他生灵也挣扎于生存线的苦处，遂大方慷慨地留一口饭、留一条路给它们，于是乎，家家无论住哪样的房（当然大都是平房），都有生灵来去。

那时候，土地尚未被当商品炒作，有大量的闲置空间，荒草地、空屋废墟，郊区的更就是村旁一座有零星坟墓和菜地的无名丘陵……对小孩来说，够了，太够了，因为那时没太多电视可看，电视台像很多餐馆一样要午休的，直至六点才又营业，并考虑在小孩等饭吃时播半小时的卡通，于是小孩大部分课余时间都游荡在外，戏耍、合作、竞争、战斗……习得与各种人族相处的技能，他们又且没有任何百科全书植物图鉴可查看，但总也就认得了几种切身的植物，能吃、不可吃、什么季节可摘花采种偷果、不开花的野草却更值采撷，因它那辛烈鲜香如此独一无二，终至人生临终的最后那一刻才最迟离开脑皮层。

是故他在树上或草里发现或抓来的一枚虫，可把它看得透透记得牢牢，以便日后终有机会知道它是啥。

那时候也鲜有绒毛玩具，于是便对母亲买来养大要下蛋用的小绒鸡生出深深的情感，自己担起母亲的责任日夜守护，唯恐无血无泪并老说话不算数的大人会翻脸在你上学期间宰杀了它们。

那时离渔猎时代似乎较近，钓鱼捕鸟是极平常的事，你们以简陋的工具当作万物中你们独缺的爪翼，与你们欲狩猎的对象平等竞逐，往往物伤己也伤，你眼睁睁见生灵的搏命挣扎，并清楚知道那生命那一口气离开的意思，是故轻易就远离血腥戏虐，终身不在其中得到乐趣。

因此你们都不虐待恶戏那流浪至村口的小黑狗，你们为它偷偷搭盖小窝，那蓝图是不久前圣诞卡上常出现耶稣降生的马槽。焉知小黑狗才不安分待窝里，总这里那里跟脚，跟你上学，跟你去同学家做功课，最终跟你回家，成了你家第三或四只狗。

那时奇怪并没有流浪动物的名称或概念，是故没有必须处理的问题。每一个村口或巷弄口总有那么一只徘徊不去的狗儿，就有人家把吃剩的饭菜拌拌叫小孩拿出去喂它，小孩

伏居岛屿角落的猫族

看着路灯下那狗大口吃着，便日渐有一种自己于其他族类生灵是有责任有成就之慨。

那时候，谁家老屋顶发现一窝断奶独立但仍四下出来哭啼啼寻母的小仔猫，便与同伴好友一家分一只去，大人通常忙于生计冷眼看着不怎么帮忙，奇怪小猫也都轻易养得活，猫兄妹的主人因此也结成人兄妹，常你家我家互相探望猫儿，终至一天决定仿效那电视剧里的情节，促成它们兄弟姐妹大团圆地把大猫们皆带去某家，那曾共咂一奶的猫咪们互相并不相认的冷淡好叫你们失望哪，但你们也因此隐隐习得不以人族一厢情愿的情感模式去理解其他生灵。

## 春天，生生不息

那时候，人族自己都还徘徊在各种绝育或节育的关口，因此不思为猫们绝育，于是春天时，便听那猫们在屋顶月下大唱情歌或与情敌斗殴，人们总习以为常翻身继续睡，因为墙薄，不也常听到隔邻人族做同样的事发同样的声响或婴儿夜啼这些个生生不息之事吗？

那时候，友伴动物的存在尚未有商业游戏的介入，人们不识品种，混种，就如同身边万物万事，是最自然的存在，你喜欢同伴家中的一只猫，便追本溯源寻觅到它妈妈人家，便讨好那家的大人或小孩，必要他们答应你在下一次的生养时留一只仔仔给你。你等待着，几个月，大半年，乃至猫妈妈大肚子时，你日日探望……这样等待一个生命降临的经验，只有你盛年以后等待你儿你女的出生有过，所以怎会不善待它呢？

因此那时候最幸福的事是，家中的那只女孩儿猫怎么就大着肚子回来了，因为屋内屋外猫口不多，你们丝毫不须忧虑生养众多的问题，你们像办一桩家庭成员的喜事一样期待着，每日目睹它身形变化，见它懒洋洋墙头晒太阳，它有点不幼稚了，眯觑眼不回应你与它过往的戏耍小把戏，它腹中藏着小猫和秘密都不告诉你，那是你唯一有怅惘之感的时候。终至它肚子真是不得了地大的那一天，爸爸妈妈为它布置了铺满旧衣服的纸箱在你床底，你守岁似的流连不睡，倒悬着头不愿错过床下的任何动静。

然后，永远让你感到神奇的事发生了。

那猫马麻（妈妈）收起这一向的懒散，片刻不停地收拾照护一只只未开眼、小圆头圆耳的小家伙，妈妈（你的）为它加菜进补得奶帮子果实一样，小猫们边吮吸边用两爪推挤着温暖丰硕的胸怀，是至今你觉得人间至福的画面，你由衷夸奖它：“哇，真是个好棒的马麻！”

然后是小喵们开眼、耳朵见风变尖了，它们通常四只，花色、个性打娘胎就不同，你们以此慎重为它们命名，那名字所代表的一个个生命故事也都自然地镌刻进家族记忆中，好比要回忆小舅舅到底是哪一年去英国念书的，唔，就乐乐生的那年夏天啦！生命长河中于是都有了航标。

因此，你们可以完整目睹并参与一只只猫科幼兽的成长，例如它们终日不歇地以戏耍锻炼狩猎技艺，那认真的气概真叫你惊服。与后半生捡拾的孤儿猫不同，你日日看着猫马麻聪明冷静尽职地把整个祖祖宗宗们赖以生存的技能一丝不打折地传授给仔猫们，乃至你们偶尔的求情通融（好比它将仔猫们都叼上树丫或墙头要它们练习下地，有那最胆小瘦弱你们最心疼的那只独在原处喵哭不敢下来，你们自惭妇人之仁地搬了椅子解救它下来）完全无效，那马麻，以豹子的眼睛看你一眼，反身走人。

## 人有尊重一切生灵之义务

那时候，人们以为家中有猫狗成员是再自然不过的，就如同地球上有其他的生灵成员的理所当然，因此人族常有机会与猫族狗族平行，或互为好友地共处一时空，目睹比自己生命短暂的族裔出生、成长、兴盛、衰颓、消逝……提前经历一场微型的生命历程（那时，天宽、地阔，你们总找得到地方为一只狗狗、猫咪当安歇之处，你们以野花为棺、树枝为碑，几场大雨后，不复辨识，它们既化作尘土、也埋于你记忆的深处，无须后来的政客们规定你爱这土地，你比谁都

早地爱那深深埋藏你宝贝记忆的土地)。

种种，奇怪那时候猫儿狗儿们也没因此数量暴增，是营养没好到让它们可以一年二胎甚至三胎吗？又或它们在各自的生存角落经历着它们的艰险就如同它们历代的祖先们？它们默默地度不过天灾（寒流、台风)、度不过天敌（狗、鹰鹫、蛇)、度不过大自然妈妈，唯独没有（此中我唯一也最在意的）人的横生险阻、人的不许它们生存甚至仅仅出现在眼角。

我要说的是，为什么在一个相对贫穷困乏的时代，我们比较能与无主的友伴动物共存，反倒富裕了，或自以为“文明”“进步”了，大多数人反倒丧失耐心和宽容，觉得必须以祛除祸害脏乱的心态赶尽杀绝？这种“富裕”“进步”有什么意思呢？我们不仅未能从中得到任何解放，让我们自信慷慨，慷慨对他人、慷慨对其他生灵，反而疑神疑鬼对非我族类更悭吝、更凶恶，成了所有生灵的最大天敌而洋洋不自觉。

曾经，我目睹过人的不因物质匮乏而雍容悠游、自在自得、不计较不小器，我不愿相信这与富裕是不相容的。眼下我能想到的具体例子是京都哲学之道的猫聚落（尤以近“若王子寺”处)，那些猫咪多年来始终不超过十只，是有爱动物的居民持续照护的街猫而非偶尔出来游荡的家猫（观察它们与行人的互动和警觉度可知)，它们也观察着过往行人，不随意亲近也不惊恐，周围环境的气氛是友善的，没有樱花可赏的其他季节，哲学之道也没冷清过，整条一公里多的临

伏居岛屿角落的猫族

人工水圳的散步道，愈开愈多以猫为主题的手工艺品小物店和咖啡馆，显然，居民们不仅未把这些街猫视作待清除的垃圾，反而看作观光资源和社区的共同资产。

这其实是台湾目前某些动保团体如“台湾认养地图”在努力的方向，走过默默辛苦重任独挑的猫中途、TNR之后（或该说之外，因这些工作难有完全止歇的一天），欲以影像、文字（如我、朱天文、叶子的系列猫书）、草根的社区沟通（如其实我一直很害怕的里民大会）……营造的猫文化，让喜欢和不喜欢的人都能习惯那出现在你生活眼角的街猫，就与每天所见的太阳、四时的花、季节的鸟一般寻常，或都是大自然最令人心动爱悦或最理所当然的基本构成。

（早于一九八七年，欧洲议会已通过法案，“人有尊重一切生灵之义务”现为欧盟一二五号条约。）

我不相信我们的努力毫无意义。

我不相信，最好的时光，只能存在于过去和回忆中。

二〇一〇年五月

# 乐生猫

去年初我曾应邀和刘克襄去乐青[*]办的文学营和院民们聊天。之前我久已听闻乐生院里多被人丢弃流浪猫狗，也曾在网上看过乐生老房子老树老墙上悠然自在的猫。因此去之前，我期盼是一次和院民们分享他们在被禁锢被剥夺的漫长人生中和动物相伴的愉悦经验。

没想到事实上正相反，在我们可能“陈义过高”的谈话途中，金英阿姨牵着一只被捕兽夹夹伤的三脚狗蹲在旁边哭泣，狗狗长得纤巧似鹿，敏感胆怯的大眼，脚一定也曾和鹿一样敏捷美丽。原来院里的猫狗全都是金英阿姨在顾，其他人并不那么能接受，甚至有人不时叫环保局来捕捉，有人甚至在后山菜园周遭摆满捕兽夹，导致院内二十只狗里竟有六

---

* “青年乐生联盟”的简称，乐生疗养院于 1930 年成立，青年乐生联盟致力于保护乐生疗养院院民避免遭受强迫搬迁。

乐生疗养院里的猫

只狗被夹伤，一只因伤太严重躲起来后，自此就消失了。

狗的问题显然困扰争议了很久，意见领袖添培阿伯便向我们重述反对方的意见，并建议：“为什么不能建个大笼子将这些猫狗全数关进去就好？”我只能回答，当初乐生不就在如此的思维下才产生的吗？健康的大多数人，以为只要把这些也不知是否有传染性，但病容确是和正常人不同的“异类”统统关进一个大笼子里眼不见为净的，问题就解决了。

那天的结论是，在双方充分对话聆听后，找到了彼此可妥协尊重的共生方式，金英阿姨更积极寻求协助，如和乐青中也关注动保的学生一起做猫狗捕捉结扎的工作，清理院区内散步活动步道上的排泄物，并寻求对放置捕兽夹的人宣导“动保法”中有关使用捕兽夹的罚则；其他院民则重新试着容忍接纳这些其实和他们“被排斥被遗弃”命运相似的生命们。

黄昏的大榕树下，好一幅动人的和解共生图像。学习，永远不嫌晚，我们相信乐青的学生们和我一样都上了一课。

二〇一〇年七月

# 公猫们

这是我陆续写了半年的猫书《我的街猫朋友》的最终篇。

我迟迟延挨着不写，自己清楚知道是害怕那文末句点所代表的曲终猫散，害怕那许许多多与我际遇或实可想象的街猫们，只因不及被写到，就真如它们在这城市角落不为人知的真实处境般地、被遗忘被淹没了。

这本书，不同于前书《猎人们》的欢快恣意，因我必须意识到动保社运的处境（所关怀的是弱势中的弱势，是没有选票的）、爱心妈妈志工们的非人辛酸，意识到主管业务公部门徘徊在进步（以TNR取代现行捕捉扑杀政策）或回头路的关口，意识到社会绝大多数人对流浪动物的冷漠轻心（人都活不下去了还畜牲?!），意识到为数仍众日复一日在残酷大街求生的流浪动物……我无法装可爱地只写那少数幸运被人宠幸爱顾的猫咪，我妄想要一一捕捉记下它们街头暗巷的身影、故事，证明它们确实来过此世此城一场。

曾经我在《猎人们》文中言及无可取舍公猫们与母猫们的情感表达方式（如确如刻板印象的，大公猫通常傻乎乎地在你腿上亮肚皮完全信赖地大睡；母猫们，就算钟情于你，也不过在各个角落目不转瞬地凝望你，谨慎地从不一次释出所有情感和信任），这个不同，在做了绝育手术之后更加明显。我们屋中目前有猫十八只，屋外例行喂食照料的近四十只（全已绝育），是个可堪观察的田野。

于是有此观察：母猫们绝育后，对人族不时捡拾来的孤儿奶猫全无兴趣，第一时间退避书架顶或墙头（虽然《探索》频道播过的纪录片里野猫聚落的年轻母猫会帮忙抚育母亲或亲族所生的小弟小妹），母爱一点也不像传说中的是与生俱来的。

照顾小奶猫的责任于是落在人族……嗯，和公猫身上。

大公猫（当然并非每一只）很快都能都愿意克服“畏惧并逃离仔猫的机制”（机制的设计是为了保护幼兽免于大手大脚粗鲁轻疏的伤害吧），前往嗅嗅、探视，进而舔舐喵喊妈妈的小家伙，把屎把尿，夜晚与之共眠……种种这些记忆里妈妈曾经对自己做过的事，乃至于人族在烫奶瓶、温水、量舀小猫奶粉时，它皆一旁全程注视参与，以至有时我手边另有事在忙时，真想拜托它们接手咧。

大公猫的照顾幼小，似乎是社会性的，是为了物种己群的延续壮大，它们甚有公德心地耐心教导小孤儿猫生存狩猎技能，带它们四下游荡认识周遭环境、猎食（蟑螂、蜥蜴、小鼠），接手原该猫妈妈做的所有事。它们的社会化甚至高度发展到与共居一屋顶下的人族，发展出违背动物本能的复杂行为，它会代表猫族老小与人族社交，例如乳乳与辛亥白爸爸。

先说乳乳，它原名乳牛，不用说是黑白花，这款猫特有的聪明，早晚会有像多丽丝·莱辛为之特别写的专书《猫语录》。乳乳与姐姐小三花是二〇〇四年在里内的慈惠宫小庙前的水沟里发现的，起先以为是两只沟鼠，因皆浑身癞病加油污泥，后来经我们一整个月的投药喂食，姐弟俩复原成健康美丽但仍胆小难近的猫。我曾在《只要爱情不要面包的猫》文中描记过小三花，她右眼被一大块三角形黑毛覆盖，蹲在金炉上等我喂食时像个神气的独眼海盗头子，我永远记得，“临终时，光速闪离我视网膜的画面，必定有这样一幅。”

小三花不见后，我们决心在那农历年势必庙前鞭炮大作前把乳乳抓回家。乳乳很快长成骨架身量伟岸的美男子，它爱上人族谢海盟，天天尾随上三楼，三楼内已有神经质猫三只不能再增加，进不了屋的乳乳只得在阳台短墙上叫唤，它是超赞的男低音，又唇上一撇黑胡髭，我们总笑盟盟：“你的拉丁情人又唱情歌啦。”

其后，是家里猫口增长最快的时刻，我们总说家里留的都是丑的、病的、弱的、残的，总之就是不可能送出认养的，其实只要小奶猫待上两天，就不舍送人了，我真佩服那些长期做中途的志工，他们的心脏一定不同。

小奶猫的到来，屋中所有猫才听喵声就四下逃散一空，简直的谁是鼠谁是猫啊，只有乳乳，立即接手猫妈妈工作，它身量巨大，起起坐坐费尽工夫乔姿势唯恐压到共眠的小猫，它又每每屈身亦步亦趋尾随四下探险的小猫，我们总心存感激地笑它婆婆妈妈笑它娘。

乳乳在猫界一定领有专业保姆证照，经它手的小猫无一不健康平安长大，有时它带小猫夜训整晚累了睡大觉（总有那么一次，仿佛成年仪式，猫妈妈或猫保姆会将小猫带至遥远处，而后考验它们似的置之不顾自己先回），我们摇醒它质问："券券呢？"（消费券时期来的小公猫），乳乳老神在在*继续睡，待我们妇人之仁再再催促它，它跳门出去，半个小时内带回券券。它且知道人族对每一只猫的命名。

它与母猫一样，该放手让小的独立时就放手（大多数人族都做不到），不藏私，不要求回报，一直到丁丁。

丁丁是某夏天突然出现在隔壁丁家院子的小孤儿母猫。丁丁长得又圆又甜（我们也叫它丁圆甜），但惊恐胆小，智力不足到不辨利害安危，它仅剩的智力额度就是认准猫族乳乳、人族我，我同情它，总给它加餐，偏心到屋内猫只要我

---

* "老神在在"由闽南话的谚语而来，意为十分从容、稳如泰山。

喊一声“阿丁咕回来啦！”就纷纷前来，知道有白金罐可吃了。

丁丁成年好久，乳乳知它独立难生存似的都不丢窝，影子或大尾巴般地带进带出，摆明是关门弟子。但其后我们仍收过幼猫（黄豆豆、橘子、券券），乳乳每见沙发角落摆着装小奶猫的箱子，便发愁对之叹气，无奈地看我们一眼，那意思再清楚不过，因在场人族都异口同声抚胸保证：“发誓这是最后一只。”

乳乳除了当保姆，也身兼家中猫王，家中的公猫们虽都结扎，但三不五时仍会吵架争斗，无非你占了我老位子我故意行经你地盘，乳乳从不浪费任何精力在这茶壶风暴上，它说到做到，在带大券券后，带着丁丁在隔巷人家开疆辟土，这家车库那家后院把原落脚的街猫们打得无容身处。那些街猫已被我们结扎，也取得居民们的理解 TNR，都能接受它们出现在环境中，唯乳乳与它们对峙叫阵时的声量像瑞士山区长号一样，不需邻居们电话：“你们黑白猫又在吵架了！”我们自己都听得到，三更半夜都得快快披衣去排解。

乳乳变得只能每日傍晚匆匆回来吃一顿，又一刻不歇地继续出门去捍卫它辛苦打下的海外殖民地。对此，我们不领情极了，总在它跳门进屋时挖苦它：“了不起了不起，又打了白嘴巴和橘 gay gay 了吼。”

乳乳听出语气不善，哀怨地望着人，一双绿眼睛企想懂得人族到底在想什么。

与人族有了来往，无法回到纯粹本能机制行事的状态，仿佛神话故事中的混沌被凿开了七窍倒地而死。被凿开七窍的还有“辛亥白爸爸”。

看名字就知是出现在辛亥小学的白（白底小黄块，典型的“兴昌亚种”）公猫，三年前发现它影踪时它们其实是一家族，白爸爸、白妈妈和已怀孕的白小孩。它们的活动领域介于小学和约二十多公尺外的“小坡庭园”社区间。会知道，是家住“小坡”的刘克襄告诉我的。原先白爸爸家族是克襄继《野狗之丘》后观测并打算书写的对象，后来因我们的介入、结扎、每日喂食，不再“自然”了，克襄便不再追踪。

是的，我们的介入，白爸爸会在每晚我尚离小学老远的墙外时，便那头知晓哇哇大喊。它会在天气好我去操场跑道散步时尾随我脚际边走边聊，它是我在《兴昌亚种》结尾说的那只辛亥小学夜间校长，我的野蛮好朋友。

是它们因近亲繁殖皮毛皆不佳故吗？我像早有预感似的跨过界，揪起它后颈至可依胸前（以便于日后万一要送医时才捉得到）。通常，我们极力避免与街猫发展这关系，免得它们对不可测的人族失掉戒心。因为很吊诡的，等你察觉你在喂食照顾的街猫食欲不佳甚至不吃了，因此担心它生病想送医时，唯一能诱捕到它的方式是食诱。它不吃了，抓不到它，你得忍受或长或短一段时间目睹它想吃而不能，怔怔蹲一旁，而后终有一天不再出现的严酷过程。

是我有预感吗？每次揪起白爸爸将它抱在我胸口的那短暂片刻，我总低声告诉才四五岁的白爸爸："把拔（爸爸），将来我会带你回家养老。"

如同前面说过的，街猫的逝去，除了遭车撞遭人毒这类的横死，要有所谓的老死、病死、饿死、弱死，它们都会静静地找一神秘角落"关灯"。但我们也观察到，有些街猫，接触过或与人族有了感情的猫，便会丧失掉这个本能机制似的。

所以，我们带过好几只这状态的街猫回家，"收留她，协助她去世"，这话是加西亚·马尔克斯回忆童年时一名投奔来家的年长亲族的用语。我们给它在屋里布置一个宁静幽暗不被打扰的角落，不做人族力求自我安心而做的侵入性的灌食医治。

它们大多一二日内在我们泪眼中睡姿离去。

我完全没想到对白爸爸的承诺这么快就得兑现。白爸爸送医时不意外地是肾衰竭，这在终生喝不到一两口干净水的街猫来说是基本款病，之所以如此急转直下，事后追想是小学围墙工程动工了太久，雨后积水上都浮着油污或各种化学溶剂，我们置的干净小水罐在酷暑总无法支撑一天用量。

白爸爸在吴医生处住院十天，确定病情，我们又陷入两难，强力治疗（每天打点滴、针剂）可延长数月，但最终仍

须面临抽搐痉挛和剧烈头痛，最主要的，那是家猫的医治，对于一只终生自由在街头，但凡有一丝体力便企想回街头的街猫，要介入到底，还是松手？

盟盟提醒了我们一道底线："若不能医治到它可重回辛亥小学，就不要勉强。"

我们决定接白爸爸回家"关灯"，在父亲书桌底下布置了暖软不受打扰的窝，白爸爸立即接受，大多时沉睡，只在我们不放弃摇猫饼干罐时会摇摇晃晃走出来。曾经，漠漠大气中，每晚听到我们喂食的摇饼干声是至福的事吧。

我们也把它带到前阳台，梅雨前风中所有植物混杂的讯息一定跟不远处辛亥小学的差不多吧。我告诉它："都在着(这世界)，你放心。"

五天后，白爸爸没走，我们聆听了各个包括在照顾肾衰竭猫小虎的翠珊的意见，决定带白爸爸去吴医生处，计程车上，我用一条美丽的大手帕蒙眼大哭。这手帕是四月在复旦大学时杨君宁送的，白爸爸来后，我以它拭泪，不洗不换，因为知道最终要它做什么。

吴医生细细诊察后，说："放它走吧。"

我揪起白爸爸，置我胸口，就像我们寻常在辛亥小学的夜晚。吴医生静静地打了针。

天文用泪水湿透的手帕把白爸爸包好，纳棺师不厌精细地为白爸爸做了今生它最后一个也是唯一的窝。

我的心好痛喔，在这每天都有天灾人祸、人命百条千条死去的现下，我简直无法对别人倾诉一只街猫的离去和与我的短暂际遇。

每晚，我仍得去辛亥小学喂仅存的白小孩和橘兄弟。没有了白爸爸的校园，深秋一样地好肃杀荒凉啊，我总对之暗暗自语：“白爸爸，我有做到带你回家养老吼。”

二〇一〇年七月

## 小黄葛格的告别式

二〇一七年八月二十六日下午三点，我依邀请参加了街猫小黄葛格的告别式。

告别式在离我们家二十分钟上坡路程的东 × 庭园社区，我冒着可能中暑的风险，顶着大太阳步行前往，希望借此能稍稍晒干我体内的水分，不致待会儿汹涌太多泪水。

先说葛格。

二〇〇七年初，我们家不远的新社区（我们叫它新房子）外的三岔路口，出现一家子刚断奶独立的黄虎斑，加上原有已结扎的五只在地猫，立即破表为十数只，喂食时，颇为壮观，只要一摇饼干罐，立即路灯下，大军掩至。这情景，曾有陪我们喂猫的 UCLA 教授白睿文目睹并拍照过。

小黄虎斑们三五个月便长成，同胎兄弟妹，性格鲜明清楚，最胆小惊惶的我们叫它“乱跑黄”，因它总四处乱窜在山坡各处，惶惶找不到落脚地，最后不知所终；两个橘白妹妹，一个跑到小庙前，我们叫它“小庙黄”，它很快被来此访友的附近社区邻人喜欢上，告知我们并收养了它。

剩下的是兄妹俩，葛格和妹妹甜橘（KT 曾为它们俩拍下一张日常照片，我用在《猎人们》二〇一三年版的封面，龙行虎步的兄妹俩中，左边的就是葛格），甜橘二〇一〇年车祸，迟了半个月才被我们找到，住院治疗近一个月，接回家中打算长期复健，却在我们帮它洗了一场温水澡、在阳台晒太阳擦毛时，呼了一口大气走了，这一场，写在《新房子猫群》中，恕我无法再说一次细节。

而葛格离开得更早，它离开前，已是在地的大猫王，每晚喂食时，它自兼哨兵，在我们才从转角出现，它就大声鸣放，其声之远之绵长，只有我曾在瑞士山区听闻过的瑞士长号可比拟。

葛格一发声，在各个角落等候着的猫们立即群聚路灯下，葛格非常有领袖风范，自己先不吃，择一高处警戒守卫着，完全不听我们人族的劝慰：“葛格，我们来看就好了，你赶快下来吃吧。”

尽管已被我们抓去绝育，它并未因雄风丧失而变成一只大懒猫，它仍然超越动物本能地让老弱妇孺先吃，自己守候着，所以尽管新房子的喂食点是单位猫口最多的，却因葛格的大度和安定而平和有序，这一点也不理所当然，有些喂食点，大有仗着自己年富力盛的大公猫一定吃独食，再饱也威吓一旁饥饿的弱小不得靠近。

如此受人族猫族爱戴的葛格却突然不再出现。

关于街猫的突然不见（前一晚还开心地进食，所以不是病痛衰亡），通常是受困（避寒躲进人居尤其是地下停车场）、车祸、狗咬和被收养，所以我们找猫也有自己的 SOP*，在附近的邻人停车场和车库敲罐寻喊，询问清早扫街的清洁队员可有发现猫尸……该做的做完了，只能安慰自己也许是那最美好的好梦：被喜欢它的人收养了。

因为是好梦，总叫人不敢就此相信，所以，多年来，心里总悬念着葛格，尤其喂到那种猫们为了争食乱窜互殴的地点，更叫人喟叹一声："有葛格那样子的猫王在就好了。"

二〇一七年初，里内某社区透过里长联系到我，说他们社区有两只待了有八年的流浪猫被新上任的社区主委要求处理（驱离或捕捉送收容所），我以志工身份说明参与了 TNR 计划的里是不可任意捕捉送收容所，依"动保法"，任何人不可恣意滋扰动物使其受伤害甚至丧命，罚则是什么什么……

经与我联系的江江夫妻（以下人物皆姑隐其名），他们社区只有十八户人家，大多对动物冷漠，只包含他们在内的

* Standard Operation Procedure，标准作业程序。

三户人家一起照顾两只来时已绝育剪耳的大公猫小黄和胖虎(这社区对动物的态度正巧是社会的缩影),唯天冷时它们会跑入社区康乐室内睡觉,新官上任三把火的主委企想趁此立威。

东 × 庭园沿坡而建,四周是浅山杂树林,社区内绿地空间充足,这三户人家皆一楼住户,都有城市人梦想透顶的一方草地花木庭园,不同于城中的水泥巷道,无处可躲的街猫对某些不喜欢动物的人是碍眼且必须除之后快,所以,这样子的社区怎么会容不下仅仅两只猫呢?!

江江夫妻分别都在大学任教,另两户人家也都是中产精英,有概念有能力有责任感为它们的存留付出,这应该是我们处理过的社区街猫案例中最轻松的吧。

但我仍约了动保处的工作人员带了文宣品一起参加了他们的住委会。没想到我们都回到了小学生时代,被也是某大学任教的主委结实地训了一顿。我们分别说了该说的,但主委非得他们为之前的街猫存留争议承认犯错,并承诺日后包括帮社区住户车子自费购买盖布以免猫会趴在引擎盖上留下脚印……

那个会议之前,江江立即建立东 × 庭园群组,讨论这场攸关它们去留的住委大会,讨论中,是谁放了一张他们口中小黄的照片,我照眼看出它是我悬念多年的新房子葛格,经确认它出现的时间与在我们这里消失的时间一致,我们之间的距离似近似远(以人族来说,开车或步行得下坡至辛亥路,再一路上坡至他们的社区,但以猫族来说,它只消星夜里径自穿过小学，横过山路不远就到），我好奇极了，原先住得好好的葛格为什么会起心动念出走，也许，也许它不过秉持它原来的睿智和牺牲精神，觉得新房子的猫口数太众，它自我放逐冒险离开，好将资源和领域留给更年轻或更弱的猫族？

从此我们叫它小黄葛格，这对街猫来说很寻常，与它们有际遇不同的人给它们取不同的名字，一只街猫往往拥有三五个名字，它们皆能辨识皆能接受（或许，它以为那名字是那人对它发出的特定叫声吧）。

上山开会前，江江说他们暂把小黄葛格接回家避风头，而且觉得它的健康有恙，以便于就近观察。于是，赴会前，我十分忐忑地上他们家三楼的阳光室，我们七八年未见，我既期待，也又不真想见它，对曾经际遇的猫，我总想只要记得它们盛年时的样子就好，很怕被它们的病弱、老衰给篡夺。

江江向我解释小黄葛格第一次被收进人居，还在自闭中，且因病弱着并不活动起身甚至不反应。

我仍带着平日喂食街猫的饼干罐，摇起来嚓啦嚓啦响好像签筒，葛格闻声先背耳，随即挣扎起身，我当下在第一次见面的江江夫妻前失态痛哭，原来生命与生命间那我以为一阵风就吹断的牵丝是如此强韧，穿越时空，历久半点不磨灭。

之后，葛格被医生诊断出重症，治疗、住院、输血……后来我才知光医疗费就花了他们近三十万。

那几个月，东 × 庭园猫咪群组是我最忠实期待的，只要手机叮咚一声，我看到三家人讨论它的医疗和病况，看到落单的胖虎的行踪和食欲，看到他们如何回应管委会和邻居们的意见，看到他们为两只不会言语唯处在人族世界的猫咪所做的种种高贵行止。

我总随着葛格的病情起伏，它住院等待输血时，我整日心情黯淡，好事坏事都刷一层灰。它返家休养食欲恢复，看着一张张在阳台上晒太阳放心熟睡的照片，我成天啦啦啦地心底在唱歌。

终至葛格离去的那日，江江夫妻含笑带泪地整理好自己的心绪在群组上通知我们，并决定将葛格骨灰葬在泓泓家院子的樱花树下，那里也是好天气时小黄葛格喜欢流连之处。

好奇特的告别式啊，三家人，尤其泓泓家一家老小十来人全出动，夏末三点仍猛烈的阳光，把不管什么样的人族表情（黯然的、凝重肃穆的、努力微笑的、恍神的、泪流满面的……）全都变化成一幅黄金图像，微风吹动樱花树，有微妙音，有香气……

我们相约，明年樱花开时，我们再相聚树前，一起怀念小黄葛格。

二〇一七年十月十七日

# 尾橘与黛比

尾橘是一只街猫，黛比是一目测不到三十岁的女孩。

先说尾橘，它出现时是二〇一三年夏，是我们里参加台北市动保处“街猫 TNR 计划”的第七年，里内的街猫因着我们日日定时定点的喂食，没有一只的行踪和健康状态我们不清楚，当然更别说只只都绝育了（流浪生涯到它们这一代为止），所以一旦出现这样威猛似虎、和善似羊、刚成年的年轻黄虎斑大公猫出现时，我们脑中即刻警铃声大作，尤其它的麒麟短尾下悬着的两颗饱满蛋蛋，何其明显，立即，它成了我们的头号目标。

但它行踪不定，在这个处处有猫踪的山坡游荡，谨慎地找寻落脚的地盘，这其中，我们拎着诱捕笼盛夏里出动两次诱捕行动失败，我和天文叹口气，知道又碰到了那种每几年就不世出的绝顶聪明大猫王。

它最后落脚在我们称为“新房子”的三岔路口的区块，

那里最盛时曾有十二只大小猫，陆续遭我们送养和猫王出走(这是另一个故事了)、车祸、不明原因失踪，只剩狸狸、白嘴巴、阿水三只和平共处的公猫，不好战不霸气的尾橘选在那里再可思议不过，是故，每晚见它们四男生并肩在车下进食，是一幅太平盛世的画面。

一年多后，几次我路遇一女生驻足良久在看它们，通常如此时候，我也远远观察她／他们，因为有一定比例是莫名地嫌恶驱赶它们或更甚，也有次日一定会接到里长或动保处转来的投诉电话，当然也有像那女孩的柔软专注的身姿。我上前解说它们是做过TNR的街猫、分别叫什么名字、有志工照护，并委婉说通常我们不建议与街猫有太亲密的互动，担心它们失了警戒的野性，可能会为它们带来不测如那恶名昭彰四下虐杀猫的台大生。

女孩自我介绍叫黛比，她家住几站公车外的地方，是来此访友时正巧看到它们，从观察到偶尔喂食到结为友人。所以她当然没听进我们的建言，哇，甚至秋末天冷时，她会携来薄毯让它们酣睡一场而她守在旁边。

终于黛比问，她可以收养尾橘吗？我们当然为尾橘开心，因为即便有志工照护的街猫，无时无刻不暴露在餐风露宿、车子、浪犬、人虐中，能像家猫寿终的几希，但我也依经验提醒黛比，在外肯亲近你的街猫并不意味着它愿意过失去自

城市
90.1
419-B2
55688

由（尽管安全温饱）的家居生活。

从没养过猫的黛比认为她和尾橘已准备好了，于是我们帮忙抓了尾橘并一起送到她家。

此后十天，尾橘高高卧踞于他们家书房的书橱顶，一步也不下来吃、喝、拉，黛比非常焦虑，她甚至请了几天假陪在书房里，每晚 Line* 我尾橘对她喵语的视频，问我它说什么，好似我是个猫族通译，而我也真听明白了，尾橘娘声（它与黛比或我对话时特细声细气）地问：“我在哪里？这是哪里？狸狸和白嘴巴呢？”

如此十天，我们都受不了了，我告诉黛比可能得放手了，你喜欢的是一个热爱自由超过一切的家伙。（咦，好熟悉的规劝过哪个该离开外遇不断丈夫的好友的话吧？）

放尾橘（或放 TNR 住院几天的街猫）回它故地时的场景是最动人的，它出了笼，望空嗅嗅那风，四下巡巡它那比一张邮票大不了太多的地盘，与闻声前来探望的狸狸、白嘴巴亲爱地鼻子碰鼻子互嗅良久，而后一跃上人家后院的花坛，夕阳余晖下开始悠然仔细地理毛。我把这景拍给黛比，还在上班的黛比一定对着屏幕展颜微笑并热泪盈眶吧。

但，故事没完。

---

* 一款即时通信软件。

黛比仍每天下了班就来看它。天乍寒时，黛比坐在某人家阶前划手机，腿上的毛毯上是睡得四仰八叉的尾橘和白嘴巴，是我面露问号吧，黛比指指身后悄声说:“我搬来这里了，住最里面一间。”

但房东严禁房客养动物，黛比只得中夜依依不舍放睡得暖暖的它们自去。但感情自会找到出路，尾橘很快发现黛比的住房，它从后院找到黛比后窗的窗台上，黛比熬夜工作时，它便书童一样趴睡在窗外陪伴，有时还聊个两句。

我知道那天很快就会来，只沉住气默默地扮演着知情的共犯。

一日，黛比传给我的不是尾橘在窗外窗台趴睡的照片，尾橘已登堂入室睡在她被堆里啦！黛比立即又掉入患得患失的心情，难以决定她去上班的白日或尾橘一觉醒来面门坐着（再再明显表示要外出）的时候，到底该不该让它出去?

我以经验答，街猫出身的它，很难关得住，便依它意愿并让它知道能出去，这样它会愿意再进来的，只是此中要学习着承受任何可能发生在它身上的风险，那是自由的代价啊。

如今的尾橘，我每在刚入夜例行地喂街猫时，见它已等候在黛比门前的摩托车上，我总问候一声 :“在等黛比呀？”它总行礼如仪地回我 :“是呀。”难怪黛比下了班总手刀奔回，我每隔几天便接黛比拍的尾橘各种可爱照片，与跳跳虎共眠、趴睡在她电脑键盘上、两人脸贴脸的自拍、目送黛比上班远

等候黛比的尾橘

去的身影……影片中黛比不时轻声呼唤它“尾仔”，好似那刘嘉玲（切我哪听过！）或影迷呼唤梁朝伟的声腔。

是我有幸目睹过最美好的一则街猫与人族相遇的城市传奇。

二〇一七年六月二十七日

# 橘家

橘家是三只橘虎斑姐弟，如同绝大部分的流浪猫，父不详母不详，如同飘蓬种子，一场雨后，三朵小香菇簇生着。

说父不详似乎不怎么精确，我们这广袤邻浅山区的山坡，从上世纪末以来一直有一支橘虎斑的族裔隐隐存在，说隐隐，是因为我们的 TNR 做得很彻底，不该再有源源不绝的新猫出现，之后历经数年查访，大约是山顶的豪宅区有未绝育的猫家族，对此漏洞我们甚为苦恼，因该豪宅社区门禁森严，进入不易，又数家早已移民他去，留下的荒草庭园空屋，最宜于猫儿定居。

上述状况，是我们曾应社区住委会总干事要求进入社区才得知的，我们先后协助移开两窝小奶猫至中途爱妈处（长大了再认养），将母猫绝育放回，并教会他们自己如何做 TNR。

但它们未被整个社区居民支持，因此做得不彻底，以至断续有刚长成的年轻小橘猫下山另辟疆土。它们都风度翩翩，且骑士精神十足，喂食时，会违反本能地礼让老弱妇孺先吃，自己守在一旁警戒着，如此很快就被拱为该区猫大王（原来喜欢明君是动物包括人的天性啊），它们与人往来也和善平等，会社交寒暄几句，老病至我们家寻求援助时，也分寸有礼，绝不白目地与前来捍卫家园的家猫胡乱争斗。

我们陆续与这支血脉的公猫们打过交道，但通常都不超过三五年（车祸、狗咬、肾病、口炎、人虐……），偶尔，我会陷入犹豫矛盾，到底该不该这么彻底地结扎这系血脉，因为着实我喜欢极了这支猫族裔的朋友。

二〇〇七年夏天，有附近社区篮球场打篮球的初中男生，以纸箱装了一只大约两个多月大的橘猫来求助，说它蹲在球场边的花坛里，看着好可怜。它确实可怜，浓鼻涕眼屎，一看就知上呼吸道严重感染，我们照例先送到动物医院清理并检查它的健康状况。

它的眼睛清理干净，是只斗鸡眼喵子，它的病况需要照养，我们做不来中途（通常猫在我们家住超过一夜，就别送人了），依其毛色取名橘子。

橘子异于其他猫的行止是，一听塑胶袋的窸窣声就会激动前来哪怕原在熟睡中，它且会嗅闻甚至吃桌上的水果，不久我拼凑出它的童年，才知那是它们仨每日在社区厨余桶旁等候寻觅那日的食物所养成的习惯。

说拼凑，是因常在我们山坡拍街猫的 KT 照眼认出它曾与另两只小橘猫并肩蹲在花坛上，三人都各挂着一条脓鼻涕。

哇，另外两只呢？可到了适婚生育年龄？我们这个做TNR的志工顿时脑里警铃大作。

我们太过虑了，因为没多久，小学的喂食点里，出现了一只与橘子年龄身形相仿的橘猫，我们喊它橘兄弟，又是一只斯文有礼的橘猫，它与原在地的白小孩、白爸爸、欧（黑）妈妈和平相处，唯不知如何表达它的热情，我有时等它们用餐之际（以便收拾剩食），走走操场，它总就宁可不吃，像只小狗似的尾随着我脚边走，我边走边唤它名字“阿兄兄”，它嗨起来，蹭我几下，在差点绊倒我中咬了我小腿一口，那是猫族间互相理毛中不时啃咬对方的亲爱表示，我尽管痛，当然不责怪它，只继续走了半圈，觉得脚跟与凉鞋间有水声，路灯下一看，腿肚血流如注至凉鞋内都汪着了。

后来才知清早负责喂它们的宝猜也被兄兄咬过，它是我们喂街猫多年来，唯一咬伤过我们的。

至于姐姐呢，同时候它出现在某户人家的户外车库杂物堆栈里，很瘦，故名瘦橘子，我喂它十年（至今年五月车祸死），连抓它结扎拍照建档那次，一共见它不超过五次。它极谨慎机警，我们每晚在它的地盘车底放置水粮时，只隐隐感觉它就在近处，我总不放弃地大声喊“瘦橘子好乖”，想让它知道自己的名字，以免万一有哪天受困在人居处时喊它而它不知。

橘子与我相伴七年，二〇一四年夏被远来的浪犬群咬伤，

慶有餘
春先到

死在手术台上，这一段，我写在我的《三十三年梦》末章中，恕我无法再以笔重述这一段。

至于兄弟，它似不宜户外生存，下雨天的晚上，其他猫总能毛尖微湿来吃餐，只它，总像哪里捞出来的浸个透，边打喷嚏边塞鼻子地出现，终在一次明显生病时被我们抓去看病并被诊断出是肾衰，我们决定把它带回家并每日打皮下点滴，治疗和控制饮食（低蛋白、补充铁剂、降磷、保护黏膜等药物），橘兄弟得此医疗，生活质量正常地又活了两年，直至二〇一五年初。

关于流浪动物的医疗，我们多年经验是，动物和人得各走一半才有机会，有几只野性强的街猫待健康有状况时（通常是不吃），若拒食投药又无法诱捕送医（吊诡的是，如何以食物诱捕一只不再肯吃东西的动物），只能一天一天知道它躲不远处，看着我们做着它平日等待一天等待一生那最重要的放水放粮而不出。曾有一只聪慧美丽的老母猫，便如此偷偷在角落看着我们长达两三星期到再也没出现，这段时间对它对我们都是凌迟。终有一天，伴我喂食的唐诺在夜暗的校园角落唱起《猫》剧里的那首老猫唱的 *Memory*，幸亏是在黑夜，我和老猫妈妈的泪水不会被看到。

橘兄弟在我们家的两年，总大派地在沙发上，自在得好像它生来就在这屋里，当然它偶尔仍会夜深忽梦少年事地偷回它那生活了大半辈子的小学后园的挡土墙山坡傻坐。

再礼貌的猫仍不喜欢被针扎打皮下，它每见操针的海盟和负责“保定”的我或天文一合体出现，便知不妙，只它从不拔腿逃窜，不改斯文有礼地一步一步慢动作抱歉着告退，当然总被我们在院子及时一把捞回。

二〇一五年二月十五日，橘兄弟在不肯吃喝两整天、第一波寒流来的晚上走的，走时天文陪伴在旁，是我们有过际遇的屋里屋外猫中走得最不孤单的。

我之所以清楚记得那日子，是因为它濒离前，我正接到好友尹乃菁电话，告诉我老友王宣一下午在意大利旅途中猝逝，此后甚长一段时间，我掉入到一个奇异的心境纠结里：“好可怜啊橘兄弟——不，宣一才更可怜。”“宣一真可怜——唉，橘兄弟才真的可怜。”

没想到，竟是她 / 它们因此各分走了我一半的悲伤。

至于那从未进过人居的姐姐瘦橘子呢？我每晚喂它时，它依然躲在暗影里，天知道我多想看它一眼（望能从它身上看见不在了的橘子和橘兄弟的身影），又希望它继续保持这让它长命存活的机警和野性。

放完水粮，我总自言自语望空一句：“橘妈妈，我真的有对得起你齁……”

二〇一七年六月二十七日

# 斑斑粉丝团

“斑斑粉丝团”是我的Line中最活跃的一个群组，早也叮咚晚也叮咚，群组成员十二，男女老少职业殊异，所传内容无非“晚点名：这只吃了，那只没出现，或出现了胃口不佳，请各位持续观察”……

先来说粉丝团以之为名的“斑斑”，斑斑是一只灰虎斑大公猫，约十多年前出现在山坡，它和善亲人，立即被我们发现它已绝育但没剪耳作记，所以可能是出游太久太远找不到家的曾经家猫。

关于灰虎斑，没有一只不美的，若爱妈或中途捡到一窝小虎斑，大约都会暗自松口气，因它们是认养率最高的抢手货。斑斑就是这款的猫，挺拔俊美，喜与人社交，只有浪猫的潇洒悠游，没有半点浪猫的狼狈，所以它很快地掳获山坡社区一群铁粉。

斑斑有一阵子会登堂入室到我们家客厅餐桌上与众猫一

起用餐，它一来结扎无强烈雄性气味，二来性情温良，与我们家的男女老少猫们平和相处全无冲突，我们几乎已把它算作我们家彼时的第十七或十八只猫了。

天气晴朗时，斑斑常在社区花坛睡过头，错过用餐时间地一跳进我们家纱门就“喔喔喔”发出“糟糕，错过午餐了”的声音，人族我们没有一次不闻声专程前来为它备饭。

两年多后，它中断了几日没出现，我们寻遍山坡，发现它卧缩在路边车下，明显拖长了后腿，是遭车撞了。

斑斑住院了两个月，打石膏，戴头套，丝毫没有一般街猫住院关笼受困时的紧张到不吃不喝不拉，我们更确定它曾是与人族一起住过并经验良好的家猫。此期间，斑斑的铁粉们闻讯纷纷自动排班，轮流着每天带好吃的去探病，并坚持与我们一起分担它的住院医疗费用。

因为斑斑，我们寻获了里内的第三位猫志工宝猜，之前的几年，尽管我们以里为单位，已加入了“台北市街猫 TNR 计划”，但受过训练并领有志工证的始终是一号我二号天文，是这样的，通常街猫能或愿意待在一个社区或一条巷弄，必定是有人族在暗中喂或喂扎，说暗中是因为在不友善的地区，猫志工往往只敢月黑风高偷偷出来喂猫，以免遭厌憎猫的邻人横加数落或羞辱或威胁恐吓或甚至动粗，况且猫人猫性（相对我其他照护浪犬的阳光、合群、活泼开朗的狗志工友人），猫人个个孤僻，独来独往，要找出并召唤他／她们一起团战，其难度简直不下于找出一只街猫。

宝猜长我们个几岁，原只是习惯晨起运动，并在回家做早餐展开忙碌的一天前，在便利商店里静静悠闲看报的中年女子，她很快发现里内的猫踪，自然地开始喂食清晨的那一摊，我们喂晚间，此中如有猫行踪不明或健康有恙或新来弃猫，我们就彼此通报一声。唯宝猜是喂清晨，几次遭车祸、狗咬、路倒的猫她都遇到，她总默默念经陪伴，直至天亮再找我们一起处理。是故有很长一段时间，宝猜是我们奇特的友人，只有在她面前，我们才会不加掩盖地放声大哭、泪崩，为那默默来世一场只有我们见证并记得的生命……（是吧，宝猜，我从没忘记白小孩、大橘橘、小肥黄、面粉、六灰灰、乌鸦鸦、白妈妈、白阿嬷、土豆、白多多、黄多多、瘦橘子……）

循此途径，每在山坡上的封闭型社区有街猫纠纷而我们必须介入时，也一一陆续找出了 ×× 庭园的国云、×× 山庄的翠珊与丽英、敦南 ×× 的慧美……（TNR 中最难且最重要的是 R，原地放回，除了放回后的持续照护，与社区居民的沟通并据理据法地说明 TNR 的意义和精神，必能使得当地居民进而整个社会了解和宽容。）

便在一次聚会中，丽英说起她家中的猫，小姐与大猫，大猫在世纪初绝育不久后就外出未归了，我们随口问毛色和长相，莫非是斑斑？！说着一行人立即下山找斑斑。

斑斑

斑斑果真是丽英世纪初离家不归的大猫，它还认得丽英，前来反复磨蹭丽英，当然我们一起望向丽英：“可要接它回去？”丽英耸耸肩:“看它啰,我是连热爱自由的男人都不留的。”

丽英离婚已十多年，独居，逍遥自在，四处游山玩水并兼做好几种性质的志工。

结果斑斑仍选择自由自在游荡在山坡社区和铁粉间，直至四年前的冬天，宝猜说斑斑老了，一直拉肚子，且是躲在大楼楼梯间拉，宝猜每天尾随巡视各个楼层帮它清理大小便唯恐邻居投诉，如此做到近神经衰弱，我们便联系已搬到坪林且养了七八只猫的丽英，请她接斑斑回去养老吧。

丽英爽快地答应。

斑斑在丽英处自在地过了冬，过了大半年，丽英建立群组，不时传斑斑的起居照，终于预感的那一天来临，斑斑无病无痛地高寿离开，带着粉丝人族们满满的记忆、爱和泪水。

所以我们谁都没想改群组的名称，就这样吧。

关于二〇〇六年台北市政府开始实施的“街猫 TNR 计划”，我们是第一年加入的五个里之一，从第一年的抓扎四十六只、次年的二十五只（因有漏扎的聪明猫或新来弃养未扎的家猫）、第三年的十二只、第四年的六只，此后年年挂零至今,以此类推,TNR 是有效且人道的控制流浪动物的方式。

如今里内的街猫，已降至个位数，且只只都被周遭的居民接受甚至喜爱，我和天文有时像两个退伍老兵般地感叹十几年前那些兵荒马乱的惨烈战事，每天摆下所有事拎着诱捕笼跑进跑出跑动物医院，不错过里民大会，更不放过任何在讨论处置街猫去留的社区住委大会……至跑散人形，“幸亏那时我们还年轻”，我们说的“年轻”也都已近五十岁了。

二〇一七年初，我们发现深夜时的小学有人在喂灰白白和小黑白，哇，他们的喂食真像人族的野餐，盘盘碗碗饮水，澎湃得连我都想坐下来共餐。我和天文看了百感交集，想起打仗似的那些年，一晚要喂食近五十只街猫，竭尽所能也无法让它们享有如此的丰盛待遇。他们这两位人族是年轻夫妻小乖和徐多，资讯充沛一步到位地饮水中加赖氨酸、食物中加益生菌，难怪小黑白的皮毛像杀人鲸似的油光水滑，也由于小学前的下坡车速是恶名昭彰的街猫杀手，乖子夫妻和另一对年轻夫妻童童和小杨极富耐心地花了半年时光，分别将小黑白和灰白白带回家同居了。

但仍有九只猫在外悠游，包括最年长的窕窕、最年轻的虎呼、最弱的独眼猫大头，再再地无时无刻不揪人心，我每必要在群组看了宝猜的早点名、乖子的晚点名，才能放心展开一日生活或安眠。

年初，乖子他们四人去动保处参加了志工训练并取得志工证（耶，我们里的志工人数总算突破个位数了！），我们带着他们操作诱捕笼、带街猫去看病和绝育和走完公文流程，他们学习力极强，很快就能独立作业。街猫数的有效下降，使得新的志工照顾街猫可以做得更精致更高规，对此，我和天文亦喜亦悲，因为，每一只街猫的离去，绝少像斑斑的寿终宁静如秋叶飘落，而是一个个耗尽人泪水的故事。

因此，身为资深动保志工的我，可有任何要提醒或必要的经验承传可殷殷相告给年轻志工的？有的，要想办法把心脏锻炼得很强很强、金刚不坏，不然，是经不起一次一次的心碎的。

（天音：金刚不坏的人是不会为微小的生命起心动念并伸手的吧。）

二〇一八年五月八日

# 人族

# 他们俩

纪录片《他们在岛屿写作》系列三中的《文学朱家》开始拍摄工作已大半年，剧组频频向我们索讨家庭相片，更好有我们幼时父母怀抱我们的老照片，因父亲走了二十一年，母亲两年，“传主”的影音素材实在太缺乏了。

其实何须找，我凭记忆就知是搜罗不到他们想要的那天伦照片，因为老相簿中半世纪前的黑白照片里，全是母亲抱着猫或狗，一旁次第蹲坐着也抱着猫或狗的三岁一岁的天文和我。

早说过，这一世我来这家时，家庭成员就不是只有父亲母亲和姐姐天文，而是还有比我早加入他们的猫大哥狗大姐在。

母亲爱狗，她刚满二十岁偷偷离家奔赴父亲之际，最舍不得是家里的德国狼犬莎莎。

所以并没有一张别人家都有的母亲抱幼孩儿的老照片，

母亲与丁丁

我这么告诉剧组，连万分之一的幽微哀怨都没有，只是感到要他人了解并接受这事实有一点为难。

父亲爱猫，不少他的受访照中膝上总有酣睡的猫，多年前访问过他的曹又方还描述过他在访谈中唯恐打扰到沉睡中的猫，如何小心翼翼变换久坐的姿势。

（我后来也发觉喜欢狗的人、狗人，较开朗、阳光、自我较大，喜欢狗狗的叫得来，极致就是政治人物大多喜欢狗，好似肯听命的群众；猫人大多是艺术创作的人，本身不比猫儿不孤僻，喜欢观察并欣赏那完整独立叫也叫不来的野性生命。）

因此妈妈总是连买个菜也可以带只市场里讨生活的小孤儿狗回家，爸爸也总有同事友人这只那只的小猫塞来。（唉，还没给猫绝育的年代，简直不知该说是幸福还是悲惨？）那也别说我们姐妹仨了，更是理直气壮不时放学路上拾只小狗小猫回。

我曾在一篇《最好的时光》里写过，那时人们普遍贫穷，却不怎么计较它们的存在，总会留一口饭、一口水、一条活路给无家的它们。

当时的他们俩，年纪小过我现在最要好的年轻友人，他们以微薄的薪水和稿费，养三个小孩、一堆猫狗、更大堆的单身友人，从不见忧色。（多年后，我听老一辈的叔叔伯伯们和与我们同辈的友人常说，那时周末去朱家打牙祭是贫穷年代上不起馆子的最大乐事。)

到现在，我仍然想不清楚，到底年轻的他们俩是把那些还没成家的友人和对文学抱着诚挚崇高梦想的年轻学生，也当成流浪猫狗吗（喂！），或是把浪猫浪狗们也当成友人，二十四小时不歇地永远敞开门欢迎光临。

那时我们住的内湖眷村，客厅连餐厅只四坪不到吧，阳春的沙发通常是狗狗眠床，客人来了，瘦的、不怕狗的，就打商量与它们挤出个小小一席之地；有那怕狗的、个子大的叔叔伯伯，我们只得暂时请狗狗下座。我记得那时他们常争论到面红耳赤（现代诗论战？），洛夫叔叔突然说：“这阿狼长得好，笑嘻嘻的。”殊不知坐他前头三不五时握手的阿狼，是向他讨位子（和位子挖了个洞藏的老骨头），后来我们把有同样笑脸的阿狼之子送给了洛夫叔叔家，他为小狗命名为“奴奴”。

## 不愿意将感情虚掷给不值的人

痖弦叔叔在爱荷华国际作家工作坊的那三年，桥桥阿姨想念他时就来我们家探看一只名叫包包的狗，桥桥阿姨说包包那对双眼皮甚深的自来笑眼“跟王庆麟*一模一样”。

* 痖弦本名。

显然地，我们姐妹仨都无法也没能够承继他们的这种不计后果不求回报不设防不设限的热情慷慨，姐姐天文妹妹天衣各有不同的理由，我只负责说明自己，也许我没有宗教信仰，无法像他们俩和祂一样“让阳光照好人也照坏人，降雨给义人也给恶人”，我不愿意将感情虚掷给不值的人，我在意且计较并勤于分辨好人坏人恶人义人，深以为若对“坏人”一视同仁，那要拿什么去对待“好人”呢？

因此我们变得日益孤僻，加上同屋的谢氏父子都亚斯伯格星人，乐得一个人都不理，往来的友人比我们的“邦交”数目还少。有时我和天文会感叹（通常是又在文中写了险刻寡恩的话），“哇，我们把祖产都花光了。”说的“祖产”是他们那宽厚待人所积累的他人对我们的善意温暖和容忍。

我们真成了十足的不肖子孙，子不似父之谓的“不肖”。

至于那“祖产”，从小父母说不止一次，“你们将来的嫁妆就是念书，能念到什么地步我们都会想办法。”这观念是上一个世纪初山东农民的我爷爷对姑姑们说过的。（没嫁妆？哎，这我们望望藏着阿狼宝藏的破沙发和家徒四壁，倒也看得出来。）

大约十年前吧，我们正在里内如火如荼地做街猫 TNR，后山坡的社区林 × 大道，一对刚被我们结扎的三花姐妹好亲人，常常躺卧在社区开放空间的花坛、人行步道上，讨居民喜也讨一些居民说不出理由的嫌，便有住委会副主委女士，长相声音和珠光宝气的打扮酷似我们那前前“总统夫人”，不顾我们几番沟通说明（我们是本市“街猫TNR计划”的示范里，姐妹已结扎剪耳、除蚤、打狂犬病疫苗，志工干净喂食……），执意下令社区警卫抓了她们，装箱、封死，幸亏有另外熟识我们在做TNR的杰克警卫紧急通知，我们在他们要处置姐妹猫的前一刻抢下，先带回家。

当晚，和天文赴一个老友预订的餐聚，没想到席上有老友结识的新友人带着一干女弟子前来，新友人是美食界师父，女弟子们跟随他这几年吃遍国内外美食，那晚，他们正津津乐道即将前往的西班牙或法国的哪一家米其林三星。我和天文心底挂着抢救下、命运未卜的姐妹猫，格格不入至恍神着，些许恍神的还有美食师父，他自信地饮燕谈笑之间，一定大惑不解为何一切如常却收服不了我们。

如今的姐妹猫，是我们家最稳定不怕生的“公关猫”，任何生人来都不跑，还会寒暄社交，只是太胖了，是她们当街猫时被喜爱的社区居民初中生割爱喂了太多盐酥鸡所致，天文有一篇写她们的《从萝莉塔变成小甜甜布兰妮》为证。

至于我们呢，依然过着那“不知他们俩今天还活着的话，会如何看待我们？”的生活。

二〇一九年六月十日

# 猫志工天文

“好妹妹，不分离，在天上，鸟一比，在地上，保护你，你要往东，我不往西……”

这首简单的儿歌，是我父亲当年教才一岁半就当了姐姐的天文婴儿唱的，我猜，那是一九四九年随军只身来台的父亲满满的心情投射吧，因排行老么的他原有八个哥哥姐姐，却四十年再不得见。

但，我和姐姐说到做到，如同那首儿歌，我们从未分离，共居一屋，除了她离台或我离台。她未婚，我结婚生子仍赖住在家里，我们是世上最好的朋友，天文说我是她的诤友，总直言无讳到让她有时难以消受，她也叫我快递小弟，因为不常出门的她，所有缴费、购物、修理小物件、邮寄……都委我办理；我也不客气，把她当秘书，有时访谈或编辑需某资料或老照片，我只消一通电话，晚上回家她立即奉上。

我们共享彼此人生和生活中所有的大小悲欢，直至二〇一一年间。

先说说之前天文的生活，我们俩是受过台北市政府动保处训练并领有志工证的志工，我是 ×× 里一号，她是二号，在其他三、四、五、六号志工被找出并组织起来前，我们担起这幅员广大的浅山区里的所有街猫事务，从风雨无阻每日定点喂食、捕捉绝育、医疗、与居民沟通（参加一场场我偷偷称之为“暴民大会”的住委会和里民大会），到有时横向支援其他发展还不成熟的里的动保事务……凡此种种，无非希望还在试行中的“街猫 TNR 计划”政策能成功，并及早扩及整个台北市、其他“五都”，翻转现行捕捉扑杀的流浪动物政策。

两行字就可说完的工作，完全占去我们的所有时间，我向来行事大写意，还可残余一丁点时间兼顾其他，工笔性格的天文，常常自言得“小跑步”才得做完这些每日例行的工作。

几近停笔而其实处在创作黄金盛年的天文，每天只得挤出傍晚两小时，到捷运站对面的小七*临窗买杯热拿铁，摊开笔记本，而其实那正是我回家的时刻，几次我路过见她困乏极地伏案或扶额瞌睡着，我总临窗拍个一两张，晚上回家警

* 7-11 便利店。

告她，在这人人有手机皆狗仔的年代，凡事小心些好，免得哪日上八卦新闻——“资深女作家恍神睡倒超商如街友”。

猫雷达超强的天文，很快发现她日日前往小七的依山违建区内有猫况不佳的猫群，她遂每日带着猫粮罐头水道具喂食（最终目的是为了能掌握它们的行踪并做 TNR）。它们，是一只生养众多精疲力竭的瘦弱猫妈妈和三五只大小不一、大约是之前数胎留下的幸存猫，食物来源大约是路边机车行员工吃剩的便当。

天文在喂食期间，曾路遇一位同为我们里民的自然写作作家，兴奋地表示他已观察此猫群两年，热烈地叙述这猫妈妈历年生的猫仔是如何地遭车祸、狗咬、营养不良、病死，但不建议天文介入做绝育，因为那就“不自然”了。

但这已是一个人族严重介入，甚至占尽一切资源的不再自然的现实了不是吗？既然介入了，就好好介入吧。

天文为了避免那些终将注定饿死病死车祸死的小生命徒然来世一场，依然按着 TNR 的 SOP 进行，每天傍晚大包小包带着比她笔记本和书重多了的喂猫道具前往，她说经访谈周边邻居，才知道靠山的空屋处有更多的猫群，而且都是奶猫，所以，还有其他生育盛年的母猫！整个的得与时间赛跑了。

天文偶尔会跟我说那些小猫，小金、小奔驰会如何在她

蹲着喂食时把她当树爬地一只蹲头顶、一只蹲肩膀，还有屋顶那家子的 ××、××、××……

天文总说说就刹车，知道我没想听、没想知道、没想记得，这可能大异于别人以为我们的“爱猫成痴”，我们做这些哪是爱不爱的问题，而完全是出于不忍之心，所以越少牵挂越好，知道了看到了，就是一场悬念情缘。我以为，我在里内照护的四十几只街猫、家中的近二十只猫，我的心脏已无法负荷。

所以，山边的猫完全由天文一人独担独撑，我再不肯与她分忧解劳，只见偶尔她自言自语“小金两天不吃饭不知怎么了”，“白婆婆在屋顶挂着口水都不下来吃，可能是口炎，都抓不到怎么办？”乃至偶尔背过身去抹泪。

此期间，我对问候天文近况的友人说：“我仿佛见她一步一步走向无光之所在。”是的，台风天，我好怕她那喂猫点会有土石流（那里一下大雨就立即汇成小溪流）；风雨无人的黑夜，我好怕专心蹲在那儿喂猫失了警戒的天文碰到变态歹人；超过时间太久又打手机没接时，我已脑补她遇不测的各种画面而只好狂奔下山到十分钟脚程的那山边。

尽管如此，我仍自保地不愿卷入她的独立照顾那十六七只猫的若役中。

这样两三年，她独力抓了几只母猫去绝育（说独力是，天知道要拎那好重的诱捕笼走十分钟上下坡是什么意思，而且一只聪明的母猫可能要费上几个晚上的工)，但其他小母猫成长的速度不等人，天文简直陷入赫拉克勒斯的十二项苦役般地没完没了，我每天见她黄昏整装出门（终年穿雨鞋、如小叮当有口袋的围裙，围裙里放各式的药膏药水胶囊，荒野女神医的可视它们状况随时投药)，我既心虚，也更坚定心智不随她去，自我解释谁叫她的心脏比我要强。

终于，我没做到婴儿时父亲期许我们的“不分离”。

我们如此“分离”了数年，二〇一五年初，天文终于遇到住民永慧。永慧小我们一世代，长得高大健美，好似我那金牛座的妹妹的地母性格，唯她在爱买工作，早出晚归，下班盘点结账完回家，只能有时间喂喂附近的街猫而无暇做抓扎工作，她比那位自然写作家要真正清楚多了猫群们的家族树和流变，窄小的家中也收有数只残废的浪猫和浪犬，她和天文一拍即合，两人合作抓扎街猫，终在二〇一六年初一只没少地全数扎完。

永慧非常独立，分工运送猫去动物医院时，可以身背一只猫袋、摩托车前两个猫笼，她有时听我和天文讨论有些讨厌动物的邻居的恶言恶行日后该如何应对时，她说：“我都站在巷口，三七步，大嗓门宣告，监视器都拍到是谁下毒的，以后这里的猫狗有个三长两短，我断你脚筋！”见我和天文面露些微讶异，她说：“我比你们大只，我可以这样做。”从此那里倒也平静无事。

我说服天文，该区既结扎了也有永慧照护，可挪出时间做些别的（如她自二〇一二年着手的猫书也许能影响更多流浪动物的生命处境吧），天文咬牙做到了，我知道那多难，心中不时的那幅鲜活的画面：视她如大树的小金、待医疗却死不下屋顶吃药的白婆婆……都是活生生、与一己生命已经交缠如藤如树根、再无法分割的了。

如今那些猫群呢？

我每隔一两天一定看永慧的脸书，看她正照顾的一窝接一窝喂奶中的小奶猫，救援车祸、受伤的街猫（这完全靠她柜姐的薪水！）。我总转告知天文，永慧有余力做这些，代表那些猫群一定很好很稳定，不必挂心。

而我，试着捡起那首儿歌："好妹妹，不分离，在天上，鸟一比，在地上，保护你……"在我们姐妹步往暮年之际，我重新努力着。

二〇一七年七月十七日

## 忽忽

在残酷大街上讨生活，想当个好人，得先当英雄。

——雷蒙·钱德勒

忽忽不是街猫，甚至不是“我的朋友”（我们只见过两次，虽然我是她以林维笔名写的《明明不是天使》的读者），写此文的这刻，她车祸颅内出血昏迷在加护病房中，医生说她即便活着也再无法像过往一样了。因此我自觉有义务把我知道我接触的忽忽说予众人听，因为我不愿意她像她照护的那些淡水街猫们，默默来，默默离开。

事情得从二〇〇八年说起。

这么说吧，忽忽除了作家身份，也是淡水镇照护街猫的所谓“爱心妈妈”（不过她还真不像，我认识她时，她正处在精彩人生的暂歇脚状态，但仍是彻头彻尾美丽强悍的野女孩），淡水老街、堤岸区的街猫们，不少已被忽忽和其他志工自费TNR，只因某店家某顾客的抱怨，并向镇公所举发，在一个月内被清洁队捕捉殆尽，待志工们弄清原委并赶到动物收容所时，猫咪们已遭扑杀大半。

长期在部落格用影像、用文字一则一则记录这些淡水街猫的忽忽只得向媒体投诉，我记得二〇〇八年九月十日的《联合报》奇特地以头版处理，一只在堤岸边凝坐的猫咪身影，旁书："淡水没有街猫，还叫老街吗？"

对于长期投注照护流浪街猫和宣导工作的我们，那一只一只生动、精彩故事不下于人族，在残酷的大街讨生活的猫咪们，被视同垃圾一夕清除，除了心痛还是心痛，于是我和天文、运诗人、在淡水写作散步也喂猫的舞鹤，我们自动请缨联络独立书店"有河"的老板诗人隐匿夫妻，明为朗读动物文学，实则串联忽忽和其他志工们，为猫咪请命。活动那天，我们要参与者都带上一张自己拍过的淡水猫照片，纪念并证明它们确实来世一场。

活动前几日，我们在老街巧克力Cafe开会前会，平日各行其是的志工们（喂猫的都猫性，个个独来独往）这才得以认识彼此，并赶忙交换资讯。"你也喂榕堤那里？哦，那圈圈饼干是你喂的？""那日后分工吧，渡船口为界，你喂北、我喂南，我出远门时你可以帮忙吗？""啊，不见的小白你抱回家了！"（喜极落泪）哪只哪只好几天没见大家帮忙注意，哪只哪只还没结扎正发情，某家人族专堵人辱骂并打猫……咖啡店老板说："你们以为我那么无聊练身体干吗，我只要转转肌肉，没一个敢再啰唆。"秋末还穿无袖T恤的老板确实身架子可比健美先生。忽忽则说："那回当我面打猫，我根本就一把把他扭进一旁警察局，说他违反'动保法'。"

淡水民风真强悍！不是吗？你想在这人族占尽资源占尽便宜的残酷大街当个保护弱者的好人，怎能不先当个英雄？

我还记得十一月十二日那天，来者挤满了小小的"有河"书店，其中还有一米八几大个子的周锡玮县长，听志工们轮番说已不在的猫咪们的故事，听收容所内不人道的险恶环境（有些幸存的猫咪领出后很快地病死），说动保政策为何不能仿效台北市已局部开始实行的绝育代替扑杀的TNR……还有年轻女孩志工准备了如地中海小岛和日本某些町村、香港南丫岛的猫摄影集，告诉周县长这是观光资源，怎会是垃圾？

活动结束，周县长承诺在淡水镇立即停止捕捉街猫，尝试将之纳入观光产业一环，日后并在同样具有观光产业性质的如金瓜石、九份、坪林、莺歌、平溪开始做，公部门结合民间动保力量联手翻转现行的流浪动物政策。

那日之后，彼此都算说到做到，公部门停止捕捉，县府观光局拍了一支淡水猫的宣导短片，忽忽则为幸存的猫们制作了一份"淡水猫散步"地图传单，从一出淡水捷运站便会

遇到的大公猫“澎恰恰”起始。忽忽这样勾勒“澎恰恰”——澎恰恰是猫国航空母舰，每晚都在阿宝面店前睡觉，大鼻子高颧骨的乳牛猫，从捷运站到清水市场都有它的女朋友——乃至于“有河”的驻店猫花花和巧克力，榕堤附近的精彩猫家族“马杀鸡”“马二”“马三尖”“马小三”……忽忽充满深情、活力四射地写下淡水的猫家族史；我们又且一起制作“淡水有猫”的贴纸，有一度志工们在捷运站发放，让认同、甚至专为来看猫拍猫的游客贴胸前，好让店家认知猫咪们其实是地方的资源，而非待清除的垃圾。

我曾有幸随忽忽走一段她的日常喂猫路线，有一处是榕堤后的停车场周围的荒草地，忽忽略发叫猫声（每个喂猫人都有独门叫法），四只巨大灰虎斑瞬间出现（忽忽说它们是马杀鸡家族的最年轻也是最末一代，长得太像了，一律叫小四），更教我吃惊的是，忽忽不知从哪儿变出四张西餐主菜大白瓷盘，各放妥了猫粮猫罐头让它们用餐。

小四们都好有安全感地斯文用餐，餐桌礼节甚佳。通常我们都在路边车底可避雨避狗地喂，有些地方怕附近居民抱怨招蚂蚁，就至多用超市盛物的保丽龙匣，而且往往一程数十只街猫喂下来，光猫粮饮水就够重了，怎么带得动如此重的大瓷碟？忽忽说容易，说着用湿巾擦净碟子，变魔术似的藏在附近长草丛中。这是我看过最讲究的街猫用餐，忽忽是用她自己的方式让这些街猫活得有尊严。

年初，我在网上看到忽忽在卖家传年菜，正像我们卖写文字，都为了给我们遇到的街猫们一条活路。我们都从不问彼此还支撑得了吗，尽管公部门实施TNR后，猫咪的绝育手术费用由政府分担，但谁都知道那只是长期照护街猫中困难最小的一部分。

那，最困难的是什么呢？

是人族，是不喜欢不了解动物的人族的阻拦和辱骂，动辄像有人质在他们手里地大声恫吓："再喂再喂，我就毒死它们。"或就直接捕捉密封在纸箱内，并扬言要丢在远处山里和河里（这不过是上星期在文山区敦南林荫大道住委会发生的事），于是我们只要例行的时间没喂到其中的某几只，便担心被抓走了？毒杀了？或……其实有时只是寒流来了，它找到了一个温暖的地方（地下停车场或排气口）呼呼大睡，于是不到十度的寒夜里，我们游魂一样每隔一小时就出门巡一次，必要喂到那只错过一天唯一一餐的街猫。

因此，我猜测，并完全相信，忽忽是在这样一个状态被车撞成那样的。

而且我猜，她倒下的那一刻闪入独居的她脑中的一定是：家里的八只猫怎么办？街上的猫怎么办？

若是忽忽度不过这生死大关，她真是壮烈死在战场上的英雄啊！

若我有能力和权力，我真想为这英雄在榕堤边塑像，那像一点也不峻伟崇隆，只是一个平凡女子的身姿，但那熟悉的身影，却是多少受她庇护的猫咪们和一起打过仗的我们，最最想望的身影。

注：作家忽忽（本名林岱维），二〇〇九年冬至在往常喂猫路径上，不幸遭摩托车撞成重伤后陷入昏迷，并于十二月二十七日结束精彩而美丽的一生。

二〇〇九年十二月二十九日

# “动平会”的忆珊

我是先读到忆珊的文章，才见到她人的。

二〇〇五年，我最敬重并私以为师的钱永祥（其实我们背后称他为老钱，不是因亲昵故，而是他始终待后辈平等，不以学识阅历年纪傲人），老钱拿了一本他参与审查的论文，要我看看可有出版机会。

作者林忆珊，东华大学民族所学生，书首篇章难免得披上学院规格外衣，但内文，田野调查记录了十多个俗称爱妈的动保志工的口述，是动人并惊悚的（在台湾大部分对流浪动物不友善的地区当个动保志工，可谓在战场、在无间地狱，叫人不得不做个街头战士）。

## 传奇抓扎手

一年多后，我参加“台湾认养地图”的种子志工训练，课后仍有几名看就知是资深战士级的志工徘徊不去，交换着TNR 经验，那是二〇〇六年台北市政府“街猫 TNR 计划”元年，我们铆起来做，企想对市府、“议会”和社会证明，这是一个管理流浪动物数量的人道文明且有效的做法。

于是有人向我介绍：“这是林忆珊，我的吹箭师傅。”后来我才知道几乎台湾的抓扎手都是不到三十岁的她的徒子徒孙。

吹箭大师是个晒得黑黑红红的大学女生貌，穿件及膝的工作裤和凉鞋（后来才知她几乎不分四季地皆如此穿着），圆脸短发亮眼睛透着几许爽直的男儿气，我急忙表示“我读过你的论文，是你的读者”，并鼓励她将文首略作删动以便于一般读者，她笑笑不置可否，这是典型动保人的神态，无论什么场合总有几分放空或心不在焉，因为心底永远在挂念不完待寻待救急如火场抢救的生命。

不久我才从其他志工口中知道忆珊的传奇。她家在新庄，每天出入看到太多癞皮狗或车祸狗在公路旁不去（被丢弃处、或等待不忍之人留个厨余），她习得吹箭麻醉术，将那些狗狗一一抓扎或治疗（恕我不透露吹箭以及追捕细节以防有心人），此经验之后数年，她带去所念书的淡水和花莲。

毕业后她在关怀生命协会工作，身兼数职，我每细读他们出版的月刊，几乎整本都是她独力完成，我细看那当月工作志，小自国外动保团体的拜访交流、大至例行的志工讲习都她肩挑。

我远远看着她，每在我感疲惫或病弱或忙不歇时，都以她为我支撑的力量或模范。

此中，我们只合作过捕兽夹的“入法”。

捕兽夹，因着便宜和购买便利，曾经在台湾成了一般小农或小民的最爱，曾经我看过老日本房子屋脊放一排亮闪闪的捕兽夹，不少动保人家中都有一只名为小三的猫狗（三脚猫三脚狗），那还是幸存者，暗中不知道有多少拖着捕兽夹逃至角落默默花了一个月才烂死或败血而死的动物。

我们开记者会、演行动剧（这些放在公园或河滨草丛中的捕兽夹若家犬人孩踩踏到会如何？）、游说“立委”和主管机关，最终在与数个动保团体的协力下，成功将它“入法”，此后捕兽夹不得生产、陈列、贩卖、输出。

与忆珊共事是愉快的，她与我想法一致地认为关心动保议题且肯实践的人已那么少，故以不扩大差异而珍惜那共同的，绝不以己之路线主张否定或猜疑其他人的不同路线，她从不抱怨，肯承担，是我熟悉的摩羯座中好的那一支。

二〇一一年，忆珊找我与黄泰山成立“催生动保司联盟”，趁着次年初的“台湾大选”，要求候选人正视并响应这议题。

是这样的，传了好些年的官方组织再造，终有较清晰的图像，例如，农委会将升格为“农业部”，原来其下的动保

科将升级与畜产科合并为“畜产动保司”，亦即，主管杀动物和救动物的、赚钱的（畜产）和花钱的（动保）将置于一炉，这不是精神错乱就是玩假的，当两者利益冲突时，哪一个注定被牺牲，是照眼就知的。

所以，我们要求一个最高层级，独立行事的动保单位。

那几个月，我和忆珊、泰山常候在“立法院”附近的小咖啡馆里，这我也才知道为何“立法院”周遭有那么多的卖简餐饮料的小店家，因邻桌全都是等待陈情游说人士。

百忙的“立委”助理一电告我们，我们便立即前往，把握住那五分十分钟，将我们的诉求说清楚并更好取得承诺。常常，我从“立委”的眼中照见我们自身，泰山身障，与我一样穿着简单朴素，忆珊仍短裤凉鞋，真是再次证明，会关心鲁蛇*狗鲁蛇猫的都是鲁蛇人啊。

次年，农委会回应我们受限于“农业部组织法”，动保无法单独成司，只能成立动保会，直属“行政院”。

此役联署或参与的有岛内上百个动保团体，除了“动保司”是最大公约数，其余的主张诉求不尽相同，只我和忆珊、泰山从此养出了互信和共事的默契。

次年，忆珊离开关怀生命协会，和战友万宸祯成立了“台湾动物平权促进会 TAEA”，认养了动保中最慢但其实最重

* loser，失败者。

要的教育宣导工作（简单说，只有社会上的人心和人对动物的态度改变,动物的命运才会被改变)。他们二人校长兼打钟，一秒钟都不浪费地说到做到，因此我告诉他们我随传随到吧。忆珊关注我因气喘健康不稳定，总珍惜“使用”我。

## 动物不是娱乐

此中，我始终目睹并偶尔参与、最值称道的是《动物不是娱乐》的拍摄。

有孩子的人应该知道，台湾的小学每一学期有一个名为“尊重生命”的课程，而校方通常是选择到有展演动物营业场所如“×× 农场”，甚至游乐场去半日游作为交代。

如此，我们应该不吃惊，坊间为何会如春笋一样冒出那么多各种囚禁动物的大小营业场所了吧。

忆珊他们费时一年多全岛偷拍（因这挡人财路不是？）的《动物不是娱乐》中有一场景令人难以忘怀：某场所因应下午来参访的小学生，上午便不让小猪仔吃奶，而将母猪奶挤成一瓶瓶备好，届时小学生可用一百元一瓶购买喂食。

那些饿了一天的小猪抢着凑前索奶，小学生或生疏或戏耍着，将奶喷溅小猪一头脸……

这，是生命教育？

忆珊他们在小学巡回放映，看过的家长和学生，不再在假日去那些老虎囚禁铁笼、鹦鹉啃秃自己羽毛、象龟被人骑趴……的场所。

在此同时，忆珊还努力在源头“修法”，想趁热将展演动物入“动保法”，我还深深记得那个安静冷清的“立院”中兴大楼某室里，我们与民进党最具进步观念的“立委”田秋堇，任外头漫天风雨地静静推敲法条用词（要一步到位或作若干妥协以利于通过），并共同决定将海哺（海洋哺乳类）的禁止饲养和展演和触摸入法条的那一刻……（当然结果“动保法”中的修增法条仍只措意赌博／动物竞技部分）。

是的，同时在做绣花和火场救援的工作，通常我干脆形容：在火场绣花。

二〇一四年初，忆珊终于将她的论文以《狗妈妈深夜习题》出版，我以《黑暗骑士》为名为她写推荐文，至今我想一字不改地引用文末的一段话作结：

> 在动保工作上，忆珊是我最信任敬重的良师战友，她温暖又强悍、不抱怨诉苦多情绪、不为一穷二白的动保圈里茶壶内的风暴或抢骨头而灰心沮丧，她从不贬抑鄙夷爱妈们的存在意义，她眼里不只只有动物还有人。（这句话用来描述夸赞动保人会不会有点怪？）
>
> 我长忆珊一个世代，却老在一些难抉择时的重要关卡务必与她谈过才觉得踏实笃定。

爱妈们的事迹早该有人写了，他们既是拉动了动保组织社群和公部门作为的人，也是最卑微、日日在第一线做那希腊神话里西西弗斯苦役的人。

忆珊的书，使黑暗骑士们得见天日，太好了！

二〇一八年二月十三日

# 我的浪猫人

此篇原欲写京都，因为三月上旬整个的在京都看梅花、看猫。

多年来，无论行程长短、或公或私、或悠闲或匆忙，我一定会去看一眼哲学之道南起点若王子神社周边的猫群（当然京都的街猫聚落不止这一处），是这样的，有多疑的动保友人担心那些猫已成了观光产业的一部分（如同我在上一篇专栏所述），意即，那些猫也许是附近商家随时放生补充以保持一定数量招揽游人，而早失了邻里TNR照护街猫的原意和精神。

对此，我只能一直锁定其中一只像极了我们家二〇一一年夏失踪的黄骰子猫辛辛一样的猫作观察（那猫像到我忍不住问它："你怎么跑到这里了？"），多年来，它始终在着，外貌未改，也不见老态，友人的担心应该是不必要的。

只我在悠游梅花季节时，心里却始终记挂着远方我那一只美丽的母猫，行前太匆忙，忘了向她说我要出境十天，这十天不会来买饭团，别等我。

在京都的黄骰子，摄于二〇一五年十一月

美丽的母猫在神旺饭店旁的小巷口每早卖饭团，一个扎实好吃的紫米团才三十五元台币，我每进咖啡馆前一定带上一个当早餐，并规定同行人也都得一人吃一个。

她是嫁来台湾十多年的河南女子，长得极美，收拾得干净朴素，神态温暖友善（但其实我也见过她对奥客*不假辞色，是个烈性女子），如同两岸多年来的故事，她与在大陆旅游的台湾男子匆匆结识并结婚，男子在台湾当保全，并无照养她和儿子，儿子十二岁了，课余假日只能天天托在教会上主日学作文课。她说："等儿子成人独立了，我要一走了之。"

寒流来的清早，我们交换完饭团和钱钞，她灵动的大眼忽而缥缈："老家下雪了。"

也是那一两个早晨，清晨五点便得骑摩托车出门的她，守着一方月租八千元半个榻榻米大的摊子，我见她脖子敞着便叮咛一声："今天忘了戴围巾啦？小心感冒。"她当下红了眼泪水盈眶，是很久没有人关心了吗？因此过年时，我包了个可以天天吃、吃两个月饭团的红包给她儿子，哇，此后，她的饭团越包越大简直一个便当大小，吃了可以省略过中餐，这我也才醒悟，是谁在照顾谁呀。

同样的浪猫人还有魏伯伯。魏伯伯是个驾着电动车的

---

* 闽南话，字面义为"烂客人"，如挑来拣去、乱讲价之类的客人。

资源回收老先生，于二十年前我父亲过世不久出现，他相貌酷似我父且年纪相仿，只是生活操劳或受过伤，整个人弯腰四十五度直不起身。我和天文一定是感情投射缘故吧，把家中原来留给一瘸脚拾荒人的旧物全部转给魏伯伯了。

魏伯伯没多久中断了两个月没来，出现时他腰越发弯了，原来此中某个雨天被车追撞个不大不小的车祸，那年他已七十五岁，我和天文遂毅然决然决定每月给他五千元，起码风雨或夜里就别为营生出门了。

此后二十年，魏伯伯总月底出现，从不空手，这个那个带上当季丰美的水果，逢年过节还会挑上好的鱼虾来，他年轻时一定过过好日子，所选之物比我们所吃所用都讲究，只其中一次，他离去时犹豫片刻，回过头来有些不好意思地说："其实我去年生了个女娃，可是豪口（好可）爱哇。"他有个小他三十多岁的肢障太太，有个念小学的儿子，于是某一日，他带着儿子前来，相貌好极了的儿子高高坐在电动车驾驶座上很觉威风，我们都很为他一家高兴，大概一直隐隐害怕他儿子或会自惭家境和老父吧。

所以很长一段时间，一个月总有一天清早，我会被一段旋律和一缕茶香喊醒，下了楼，天文刚沏了一杯好茶与魏伯伯隔桌坐着，桌上是魏伯伯这一回带来的丰盛水果，和正播着闽南语歌的随身小录音机，那一天，是陈芬兰唱的《苦恋歌》。常时我们各说各话，因为魏伯伯乡音重到只有天文略能听懂，我们其他人都礼貌地假装听懂。

那情景，你不禁违反经验法则地以为会一直就这样下去，但二〇一六年秋天，魏伯伯如同我们照养的有些老猫，在第一场秋雨或第一波寒流后再没出现，也未差家人来报讯（我们猜，或许他根本不想让后来麻烦不断的儿子因不懂这段情谊而烦扰我们吧）。

我们这一场独特的友情和际遇，戛然而止。

不叫我们挂心、而老挂心我们的是背后社区的杰克警卫，杰克警卫因单身总值夜班，有几年，他曾租屋在我们家后邻，因此早晨他下班后，我们总听得到他拉小提琴，按海盟的话，“曲目甚丰”。我们都猜着他想要平息安歇什么，因为一直觉得他是很不典型的警卫保全（总帮住户们多做这个那个，每晚垃圾车走后，他一定将周遭人行道清洗得什么也没发生过似的），也陆续才知，他离了婚，得过金曲奖最佳专辑的儿子忧郁症自杀走了，杰克警卫遂一路失神从南到北飘荡，落脚在我们山坡社区，后见我妈每晚带所收的浪犬上山遛狗，我们整天忙进忙出拎铁笼抓猫、喂猫、绝育，在狗群来袭的日子和他一样巡夜……才一点一滴慢慢收拾起原觉破碎的人生。他写一手好字，过年时整个山坡数百户人家的春联都出自他手，我们也总在年夜饭，盛起第一碗好汤送去给无家人可团聚无年夜饭可吃的杰克警卫在警卫亭里取暖，而后贴上他为我们写的新的一年的春联，让他夜里巡守时看到，平添几分暖意。

杰克警卫帮我们分劳甚多浪猫事务甚至生死大事，包括帮最老的一只街猫埋在它一辈子出没的山壁下（我记得我们将原先准备的火化费用包了红包给杰克警卫，他无论如何不收，他说："六灰灰陪我守过七年夜，也是我的老友啊。"）；他在邻山浪狗群接连来袭且咬死街猫的夜晚，承诺会多加巡守防范，要我和天文照常作息，别因日日巡夜弄得重感冒或神经衰弱。

她／他们，仿佛诸多我们在照护着的街猫，好叫人悬记牵挂，也不时让人感动于他们为自己的低度生存尊严所做着的努力。

但写作的这会儿，我才惊觉，到底谁才是谁在照养的浪猫人，还真不知道。

二〇一八年四月十日

# 遇见台湾认养地图

TNR 三步骤：捕捉——结扎——放养

不止一次，公开场合或私下，我老喜欢不无夸张地描述这群在我眼中英雄一样的人物，没错，在这个（别扯了，怎么还会有英雄?!）的时代，这群人，年纪从大学生至不足三十岁的上班族，有大学讲师、贸易公司职员、自由工作者等等这些在捷运上你可能不会多看一眼的正常普通人，下班时刻，他们换下皮鞋高跟鞋，穿上牛仔裤，背上摆满了道具的背包（像要出任务的蓝波或超人），拿起手机，互通报当天集合地点，而后出发。

快闪族吗？

通常他们的集合地点是台北某一寻常的巷道、社区公园、空屋院……任务地点绝对深思熟虑，通常经过在地友人或他们自己本身长达至少月余的田野观察记录——干吗？捕捉街猫（野猫和流浪猫）。

这才只是 TNR 的第一步，捕捉。

何谓 TNR？“台湾认养地图”网站 http://www.meetpets.idv.tw 上如此说明：TNR 是英文 Trap（捕捉）、Neuter（结扎）、Release（放养）的缩写，是现今唯一经过证实能有效控制街猫数量的办法。TNR 的任务是尽可能地把一个群落（colony）的猫全部捕捉起来，施以结扎手术后，放回它们原来生活的地方。结扎后的猫以剪去耳朵一角作为标记，原地放养后由爱心照顾者继续提供食物及照顾，并予以观察、记录。如果有还来得及驯养的小猫以及亲人的成猫，则帮助它们找到合适的认养家庭。

假设一个群落超过百分之七十的成猫都能够成功结扎，在数量的控制上便可得到立竿见影的效果。若结扎比率接近百分之百，则长期来看，街猫的数量便会逐步下降。除此之外，街猫最令人困扰的行为，像因打架和求偶引起的哭号，以及公猫为标记地盘而喷洒尿液等问题行为，也会大大地减少。猫较无四处迁徙的习惯，因此也较不易被人察觉，它们能够对其活动范围内的鼠害加以控制，对都会地区的居民来说，街猫其实是很好的邻居。

## 结扎的费用只需扑杀加焚化的一半不到

这是“台湾认养地图”引介自国外一些城市面对流浪猫狗的做法，如纽约、华盛顿特区、东京、圣地亚哥、以色列……（如旧金山，在六年的TNR实施下，使得猫的安乐死比率遽降百分之七十；如卡翠娜飓风侵袭后，二〇〇六年五月期间在新奥尔良地区实行TNR达一千一百只猫。）在台湾，我知道不少爱护动物人士凭一己之力默默做TNR好些年，当然包括“台湾认养地图”这些成员，我从我们共同的兽医那里知道，他们每个人领了月薪之后的盘算是：扣除房租、生活费和必要花费之外，嗯，这个月可以——买个LV包包或换个新手机？——结扎几只街猫。

那么政府在哪里？目前政府的资源花在捕捉、收容（七至十日）、扑杀、焚化。如果采用TNR的话，政府的配备和预算可以不变（甚至降低），结扎的费用只需扑杀加焚化的一半不到，而最困难的捕捉部分，当爱护动物人士知道这些动物捕捉后是生路而非死路一条，将一改阻挠破坏的态度而全力协助零星、低效率、捕捉方式不人道的环保局人员，最重要的，整个社会对待友伴动物的肃杀暴戾之气将翻转为尊重生命的友善气氛，我以为对于我们这个大价值崩毁，已少有好消息好事发生的地方，将是一次很正面的经验。

这些会太陈义过高吗？我便听过台湾最大的宗教慈善团

体斥责："人都活不了了还动物！"用以拒绝该校学生在校园内做流浪狗的 TNR。

我不明白，对流浪动物的关怀和措意弱势人族有什么冲突，我甚至必须借用中世纪的神学家托马斯·阿奎那的话："对动物残忍的人，对人也会残忍。"

我亲睹这些可能"陈义过高"的英雄们的惊人实践力。他们每一个人都亲身进动检所做或长或短的义工，在磨人心志如同修行的照料收容动物里（完全不问此时此际在全心照养的小奶猫明天可能就不见了，也许被认养，更可能被安乐死），一来实际分劳，二来与公部门的公务员建立工作情谊，如我们略知的，各地方政府的流浪动物收容中心都非常排斥动保义工团体的加入，觉得他们一定会借以对外抨击疏失或弊端。而"台湾认养地图"的成员世故地要求自己只做不说，长时间下来，公务人员发现义工可以弥补人力不足，而且义工当班时的热诚，竟可将认养率明显提高数倍。

## "不能改变现状的事我是不做的"

我曾参加过"台湾认养地图"所办的几次座谈会，他们浪漫情感的话一句也不多说，捕猫笼拎上讲台，讲解着基本使用方法和多次实战中的秘籍，包括用哪样的诱饵，包括研发改进的遥控装置等等。后来，我才知道人群中静静坐着一名长发女子是动检所的公务人员。

“不能改变现状的事我是不做的”，这话出自“台湾认养地图”版主KT，对于如此不厌其烦细节的实践的他们，这话不免教我略微吃惊。KT说，以前一只待认养的猫大约一天可以有三十通询问电话，现在是，三十天才会有一通电话，意思是，愿意、能收养的人已经饱和，若不从源头处着手，现状是改变不了，甚至更糟的，所以他们会在别的动保团体尚在做认养、中途的同时，率先（二〇〇三年）找寻并研究国外做法，翻译并引进TNR资讯。

这群极力互相提醒彼此保持正常工作，先养得活自己、公益才做得长的小我一大世代的小孩，我难免好奇、担心他们的经费，他们世故地不把偶尔会天上掉下来的零星捐款视作工作之必须，他们设计猫图案的T恤、手表、月历……还堪用。他们并不因觉得做的事情了不起而认为人人、整个社会欠他们。

同样被他们惊人的实践力给感动吗？动检所的公务人员竟然肯改变多一事不如少一事的公务员心态，在数个深夜实际参与捕捉行动和了解“台湾认养地图”所做的一些聚落的统计模型后，上了公文给市长，而后公文竟也给批下，先在师大图书馆背后的锦安里和大安国宅的新龙里试办TNR，一年后若有成效，将说服“议会”在整个台北市实施。

这当然不是一个happy ending，而是真正艰困工作的开始，机会珍贵，只能成功不能失败。尤其在此尚未形成公部门政策法令的晦暗空窗期，“台湾认养地图”还得扮演宣传教育的角色，让社区居民了解并愿意接受，这我是十分感同身受的。我住的文山区兴昌里与在试行中的前两个里一样，都是所谓的教育水准较高的文教区，我们长期自行在做 TNR 的同时，每隔数日都要发生与居民的沟通、辩论，比方说，她会说：“反正人活不下去都知道带小孩去自杀，你不喂它们，它们也可以死啊。”

幸亏我们非常有进步意识的里长张小苑不怕麻烦地为此召开里民大会，并一定要邻长们参加，邻长大部分是退休、有闲的外省伯伯们，会前他们一知道主题，不以为然又觉好笑地说：“哎呀，抗战看过多少死人，几只猫算什么！”

但，就是在这没有战争、不会死人的时代，我们可以善用这优势，多做一点什么吧。

小小一个甚至不成组织的团体，撼动了公部门，使我想起房龙在《人类的故事》中言及耶稣：“这是一个帝国和一个马槽的战争，奇怪的是，马槽赢了。”

但愿如此。真但愿如此。

二〇〇六年七月三十一日

# 神雕侠侣

必定会让某些人失望的，这篇并非在赶热潮地谈金庸或金学，我要写的是动保圈里我心目中的神雕侠侣。

人称KT的这位杨过，我认识他的时候，他年未过三十，模样好似那日本少女漫画里人人恋慕的学长，眼里还闪着星芒咧，因此我不大能相信，他为何愿意做这暗夜鼠辈，喔不，英雄的事。

鼠辈、英雄在其他领域判若黑白，但只有在动保圈，那些我心目中的英雄（暗夜中避开敌意的人们，喂浪猫、救援抓扎浪猫的），行动鬼祟如人人喊打的过街老鼠。

那是二〇〇五年，街猫婴儿潮的巅峰（后来回溯这一段，估计是二〇〇三年SARS时期，闻这陌生病毒色变的无知人们大量将家中未扎的猫咪弃养于外、所造成的繁殖结果），捕捉扑杀尚是处置流浪动物政策的年代，我和天文成天救火队一样地救援收养和抓扎街猫，终至碰到一残酷的社区而撞墙，那离我们家不远的社区，先在地下停车场放毒，七孔流血了十数只猫后，中产居民怕小孩好奇误食，要求里长做点什么，里长将烫手山芋丢给我们，我们通过门禁森严的警卫进入社区庭园，幸存的一窝小猫正被关在笼子里，无遮阴无猫砂，它们的妈妈和前胎的大哥哥焦虑地守在笼旁不去，我和天文请社区管委会给我们一星期时间，我们在出入的警卫室张贴公告说明，若幼猫一周内未被认养会被送至收容所，七日后再无人认养将被扑杀；至于成猫，我们会负责抓去绝育放回。

那一星期，我们天天去喂食、更换猫砂（台风季，雨一打湿，好好的一盆猫砂竟成水泥，且和水泥一样地重），此外我赶紧写了一篇《一只兴昌里小猫的告白》给陈斐雯还在的“中时”* 刊登求援。

第七日，里长告诉我，有一年轻男孩（KT？）见报至她办公室询问此事，并表示若还没人认养他们会接收。

同时的第七日，我们已将幼猫们送回铜锣我外公家，由照顾外公的越南女孩照顾。这期间，警卫说并没任何住户询问过猫咪去处下落，这我一点也不吃惊，因为几天后，我接到他们住委会所发的存证信函，告知我再敢进他们社区照顾猫，会依法提告云云。

是我看过最无情残酷的社区。

---

* 《中时电子报》。

那年底，署名“台湾认养地图”负责人的 KT 透过友人邀请我参加他们动保志工种子训练营。

如此，我见到了 KT，和他身旁的小龙女，小龙女叶子有一双黑亮的眼睛，似啮齿动物特有的温驯和善眼神令人难忘。

很快，我就发觉，真正的发动机是叶子，不自量力但毫无苦相的发动机是处女座的叶子（这样的特质是我太熟悉了同属处女座的姐姐天文），但她气喘病史比我还久远，发作起来时还得拖着氧气筒上班，心疼她的 KT 原有自己的工作和兴趣，为了能与叶子分劳，越做越多，越走越远，终至踏入那无人迹之径而无法回头了。

多年来，叶子身边始终有数十只照顾着待认养的小猫，KT 架设的“台湾认养地图”网站，除了帮忙媒合认养人外，也因过程中发现人们的欠缺生命教育观念和公部门动保政策的落后与怠惰，而担起了教育宣导工作，例如简洁的口号“以认养代替购买，以绝育代替扑杀”，尤其街猫的 TNR 的观念引进和实践，竟成功翻转了公部门的政策（当时的动检所、后来的动保处的首长严一峰，他与具此理念、知识和实践力的动保团体合作，以志工们为人力基础试行 TNR，是台湾最早实施以 TNR 取代捕捉扑杀的城市）。

短短这几行话，我们却都做白了头：动保处的受训，进而为讲师，说服里长签同意文件，参加各个大小封闭型社区的住委会大会、民间和学校有关动保议题的大小演讲，游击队般地援助资源人力不足的爱爸爱妈们，媒体受访，更不用说一日不可少的喂食街猫……

## 白了头负了伤的老战友

我记得好多回，我和 KT 俩面对即将的一场硬战（官腔官调的官员、横暴的居民、无力告饶的社区警卫……），我们总不约而同深深吸一口气，戴上墨镜（?），不，肃穆的人脸皮，只差没一身黑西装，像电影 *MIB*（《星际战警》）里终日处理外星人事宜的两位星际战警（怎么不是，只我们处理的是喵星人事），我们搭配绝佳，我发现他就要冷脸恶言时，就快快动之以情，他每见我热血冲脑，就打断说说道理和无温度的动保法规，真可惜，我们不是推销员，不然什么都卖得出去。

这一埋头，十年就过去，我们像老战友，都白了头都负了伤，都荒废了自己的本业工作，我和叶子健康状况越差（尽管如此，她丝毫没削弱战斗力，还出了一本《猫中途公寓三之一号》），KT 也因常时太过坚持原则，而一身“运动伤害”（与其他动保团体的主张、路线不合而遭否定，忘了彼此相同的那百分之九十九，而为百分之一的相异水火不容至形同陌路寇雠）。

终至二〇一四年“太阳花”时期，KT一次当我面说出“资源都被你们四年级赚走，位子也被你们占光”。当场，我像只负伤的兽怒看他一眼，他补一句：“你例外。”这我才发现，我们的鸿沟远远超过我们的年纪差距。

后来听说KT和叶子打算移民花莲，那里的空气应该有助叶子健康的改善，这些，都是我透过脸书关注他们的移民进度所知。叶子将新居命名为猫咪永久屋，手边的近四十只猫不再外送（或该说，其中大部分认养被退回的猫，不知曾发生何事，从此都成了心灵和行为异常的猫），让它们终老于斯。

年中，他们总算正式搬家，一口气搬将近四十只猫的工程很难想象的，于是八月底一场花莲的演讲邀约，我爽快答应主办单位，心底想的是，该去看看老战友了。

猫咪永久屋里，我认出几只我参与过它们童年的猫，我多么清楚记得它们与母亲的落魄模样，我更记得我捕捉扎了它们的母亲，带走断奶但仍想依偎着母亲的它们，终止了它们的天伦和童年……我偷偷拭了泪，心中说着：“对不起呀……”

就如同诸多不愿占用人族资源的动保人，叶子靠着做天然手工精油皂在网上贩售维生，付猫咪永久屋的房贷、照护医疗猫们的所有费用……我半点也帮不上忙，只灯下的饭桌上，边聊天边帮着包装一盒盒太乙膏，并贴上写着出品日期的猫咪图贴。

次日，KT 以主办单位要求的在地作家身份与我有一场对谈，我们多年没在一起谈动保，也许面对的是异国来访的大学研究生，也许我们是在那中央山脉脚下，格外轻松，不需戴上墨镜，不需挂上肃穆人皮，不需面对残酷奇异的敌人……唯老战友的默契一如过往。

回程，车过木瓜溪，我心中默默暗念：翩然隐世的这对神雕侠侣，KT 和叶子，你们已打过美好辛苦的战役，祝你们幸福。

二〇一八年十一月十三日

# 王家祥

我每天从文山区进城的路，总会有一段必须行经敦化南路，因此总不时想起我的远方友人王家祥，尤其在这季节，因为那敦化南路二段的行道树是台湾栾树，整个九月，正开着黄灿灿的花，整条路都再三提醒你，金风送爽；再一个月，它们会转成绯红色，那是一朵朵内含种子的小苹果一样的蒴果。

小苹果，那是我初见王家祥寒暄后不久，他知道我住台北，便说这季节应该是台湾栾树结着绯红色小苹果形状的蒴果的时节。

那是三十一年前的事了，时报邀请几位应届获奖作家去垦丁旅游（家祥的《文明荒野》获散文奖，我的《十日谈》获小说奖——啊，我们是同梯！）。

很快地，我发现家祥既是受邀者，也是那一趟旅程的导览带路者，之前一年，他以二十岁年纪获自立报系《台北人》

杂志封面的甄选摄影奖，我记得那一幅摄影作品《快乐》，视角是躺靠在（一株老树干？）的登山客（家祥自己），旧裤旧鞋的两腿放松地靠在一截横倒在地的枯木旁，蓝天（仿佛听得到大冠鹫的唳声）、芒草（习习山风中颤巍巍的）……令人神往极了的随兴和快意。

家祥那时还是个在等兵单的森林系学生，年内连获重要的奖项，却丝毫心不在此，我们待了四天三夜，上山下海走遍才成立没几年的垦丁公园包括保留区南仁湖，我除了沙滩边上常见的马鞍藤和林投，几乎叫不出其他植物的名字，家祥问一奉十地教我认紫花长穗木、棋盘脚、白水木……以及我老以为树长成那样必定不是槟榔就是椰子的台湾海枣，十年后，我将它用入我的《古都》中："也不能不有海枣、台湾海枣，否则三百多年前那些汉子们如何得以遥望着长满台湾海枣的海岸而喊出'福尔摩沙'！虽然据说这是他们东行以来所命名的第十二个美丽之岛。"

我记得有一天中午在南仁湖畔席地休息，临时加入了一名山岳摄影的前辈（我不该在记他名字多年后竟想不起来了），家祥见了他恭谨孺慕如弟子，他们交换着近时才分别去过的某山、拍到了什么没拍到什么、哪条路过隘口后右手第一株什么树岔入的蹊径可以循摸到什么古道的旧迹……他们讲着那两三千公尺中央山脉间的一条山路如同自家厨房，交换的行军密码如此费解如此令人欣羡到想就此抛家弃子尾随他们而去。

那趟垦丁行，于我确实是当妈妈后第一次抛家弃子的远游，没手机的年代，每晚饭后我们排队等着打电话回家，再小心不听，我都听到家祥电话中说：“同行有张大春朱天文朱天心，你要赶快写，你写得比他们都好……”那是他白天告诉过我的学姐女友吧，笔名龙雅，家祥说，“她写得比我好几倍。”

该年底，我们又见了一面，龙雅陪他一起来参加文学奖颁奖典礼，那时我们还有出版社，我向他们二人都约了书，家祥爽快答应，次年，交了一本小说《打领带的猫》给我们出版。

此后是好长一段的中年，我当然不放过任何他的作品，也远远知道他在南部任职《台湾时报》副刊主编七年，同时而来的素朴的有关土地、历史和住民的议题而非风潮，他几乎无役不与，以笔、也以人亲身实践参与，例如有我知道和不知道的“鼓吹绿色之梦、南方绿色革命、推动卫武营公园化、中央公园绿化整顿、柴山自然公园促进会、反对兴建美浓水库、抢救小鬼湖、擦干小鬼湖的眼泪等等环保运动”，我参考引用的是最温暖大度的共同友人陈文发的文章，而非缺乏温度的维基百科或百度。

最终，又间接地从共同友人处得知，他像六〇年代嬉皮一样地只身旅行在井上靖所写的敦煌楼兰的丝路……我喟叹着，年岁既长，知道那是在修补心中的某个大洞，而不仅仅只是追寻浪漫自由的晃荡。

## 何以非如此不可

三年前，也许他和海盟的共同友人太多，他们为流浪动物讯息彼此按赞下，进一步成为脸友，我用脸书是潜水艇式地只偶尔浮出水面看看，又或像布洛克写的在“匿名戒酒协会”只听不说的私探马修·斯卡德。

我看到的家祥，十四年前终于逃离南方城市，与女友到台东都兰开背包客民宿，以为终可以实现他向往一生的与自然日夜共处、低限又自由的生活。

没想到偏乡遍地是流浪狗猫，而且都是放养或遭弃养、状况极差的流浪狗，几代生养下，已归野成野犬，居民无法忍受时便以最方便残忍的方式毒杀，无差别地放毒，往往连已被绝育和照养的浪犬也一起遭殃。从家祥日日脸书我了解，偏乡，并没因为空间宽阔而人心宽阔比城市愿意宽容浪猫浪狗，反之，他们多少处在前现代以人为本位的状态，“无益”的动物植物都该都必须清除。

家祥天天开车去市街载回肉贩不要的剩肉剩骨、鸡精工厂的肉骨残渣，或偶尔老友寄到流浪动物协会的猫狗饲料，回程东绕西拐，依脑里只有他知道的繁复地图喂食四下的浪犬，待返家把海边永远不够住的猫舍狗舍打扫干净和喂食，大半天已过。

这，都还是正常日子，所谓正常，就是没有三十八度以上的焚风、没有长浪险险涌至的台风、没有台风将住屋掀起，他只得把狗群带至屋里，地上淹着到脚踝的水，人和狗只得缩脚至椅上一起困觉的日子。

如此数年下来，女友离开了，一天只收三百元的民宿因无人照料因此无人光顾也停业了，家祥除了脸书，也停笔了(他一直是我认为台湾最具历史意识、人文关怀、社会参与，最文学性的自然写作者)，不少人在他的脸书留言劝慰或鼓励他，我一句话也说不出，因为物伤其类，因为知道如此处境无论劝慰、鼓励或批评劝阻都无效，因为，家祥在一个访谈中回答何以非如此不可时说："我不过想让晚上能安然睡着。"

确实如此，我也曾试图听进老友们的劝诫，面对一只车底呜呜叫的奶猫，我趴地抓它未果，一手一脸黑油地想，或许、或许等会儿还会有更心软的人经过救它……而放弃。

我不知道后来到底有没有别的心软人经过并救了它，我只知道，好些年我每想起这便无法入眠，到现在，十年后的现在，思之仍不安懊悔不已。

二〇一六年夏，一位向来关注流浪动物的企业友人想在他例行的企业楷模的访问里偷渡此议题，我担心他不够清楚现在动保议题演到哪一集，便帮忙约了几个理念相近、行动力强、风评好、CP 值高的动保团体一起为他简报，而趁此，我联系了家祥，要不要北上一会，说说他一人在进行的革命及其困难。

我们近三十年不见，都有了年纪和风霜的脸，既陌生又熟悉可辨，我大力紧紧地抱住家祥，我远方的兄弟、战友、心底的地藏王菩萨。

二〇一八年十月九日

# 她们姐妹仨

黄家姐妹仨，其实我只与排行二、三的宗慧、宗洁熟，至于在香港中文大学教书的大姐宗仪至今没见过。

一年多来，我写这些为动物并肩作战的文章，怎么样她们不在第一也该在前二、三出现，只因，她们都元气十足、坚韧耐挫（至多脸书不时发发黑暗文自疗自愈），有超好的笔和发布管道，自能不断发声和发挥影响力，我可暂时“野放”她们。

我先认识宗慧的，她整整小我十岁，美丽聪明孤傲（这是在说一只令人难忘的母猫吗？），她当时已在台大外文系任教，除了教学研究专业外，另外始终着力在“动物与文学”的通识课程。

她开课初期，曾豪勇地择可容两百人的空间讲课，广纳学生，完全不考虑之后看作业批考卷的严重后果。她如此地疯狂是因为暗自盘算过，若学生里只要有十分之一（够谦卑了吧）被她感动乃至去实践动物保护工作，或甚至认养一两只浪猫浪狗，那就太好啦。

她想得美（我无意笑她，因这些都是她亲口告诉我的），因为这些几未发生，反倒这些人生胜利组的学生缺乏接触更遑论关注边缘弱势的"何不食肉糜"反应，再再严酷考验她的信念。

于是我答应她的呼群保义邀约，每年到她通识堂上讲两小时课。无论宗慧开场如何介绍我，我总明确地再次自我介绍，我是以一个领有台北市动保志工证的志工身份讲述我和其他动保志工们在做着的工作和永远没停止的议题（如浪猫浪狗的 TNR、催生"动保司"、捕兽夹"入法"、增修"动保法"、动保警察、野保和 TNR 志工的论战……）

其实我的讲课内容主轴变异不大，只与时俱进地增添一些活生生血淋淋的案例，不知不觉，这仿佛一则感情教育的试剂，测试着学生们的变异，才十年，从开始两三年的场场台上台下落泪成一片（我没有带手帕面纸的习惯，总劳第一排的学生边拭泪边递上一两张面纸给我），到第十年的毫无表情、石碑一样的人形立牌。最后那一场，宗慧不在场，一名精心修饰打扮、坐在阶梯教室最高处俯视我的女学生，在 Q&A 时发言："ㄟ ˋ*，你们这些爱妈可以怎么样弄弄不要看

* 注音符号，意为"喂"。

起来像流浪猫吗？”我忍着心底的呜咽含笑回答：“那就大家多少都做一点，或对它们宽容些，那么爱妈们就可以过得不像浪猫，跟你一样优雅。”

## 她总在校门口等我

从此，我丢下宗慧落跑不再去了，并非出于胆怯或负气（好吧，有一点），而是还想留存丁点力气做事，不许灰心失志。

但我多想念那与宗慧的一年一见，她总在校门口等我，带我去次次不同的教室，我也借此偷偷打量她（这一年来精神和身体可健康？），我们总穿着十年如一日的衣装，肩背动保人不用皮制品而以反复洗刷耐用的塑胶 Kipling 包，短短校园内的路程，我们总速速交换着各自屋内猫屋外猫面临的各种问题，从不需任何问候开场，仿佛昨天才聊了一下午似的，也许因为我们都没停过发表关怀动物处境的文章，所以知道彼此状况，也许我是她脸书的忠实读者（我特爱看她那些爱憎分明、快意人生、不讨好人，甚至肯定惹恼学生的黑暗文），完全清楚她的哪一只病猫、病狗、病龟、认养在屏东私人狗场的狗狗……的近况。也有一年，我们同一日分别抵成田、关西机场，此后数日分隔两地的断续互寄共处的一场花事。

妹妹宗洁在东华大学华文系任教，也是某年找我去演讲时才得见面，她也是不放过任何教学、写作、评论、研讨会的机会着力在动保上，我每见她明明在谈一个学院正经的议题，却总歪歪拐拐地又偷渡进动保议题，那股子救火队员的劲儿，总让远方的我泛着泪光地失笑。

（所以，每远远地看着她们姐妹，总提醒我不可以老，不可以披发入山。）

## 坚持只看那共同最软的初心

宗慧、宗洁都是“台湾动物社会研究会”的成员，历朝公部门凡动保政策咨询甚至制定政策文件的团体。

他们于经济动物、实验动物、野生动物的扎实田调始终是既超前于我们的航标，也是推我们前行的坚实理论支撑，唯在第一线做流浪动物救援和TNR的志工来看，不免觉得他们的以动物福利质疑TNR（绝育放回风雨街头的流浪动物会比收容所的日子好过吗？）似缺乏温度且陈义过高。

我是没有参加任何组织团体的独行人，也因此较有机会接触聆听主张不同的几方的苦衷，唯也因此越发让我坚持如隧道症似的只看那共同最软的初心，而逃避细究主张相异处（如温和／抗争路线，如资源有限下的价值排序……）

这样，才能前行不是？因为，我们但凡在争论这些的每一秒钟，都有不知多少生命悲惨地苟活甚或死去不等人啊。

宗慧夫妻没有人孩，分别在大学任教的薪水全用在照护动物上，她告诉我曾经她是如何天天去刷折看一笔评审费进账了没，只因为刚救援的一只伤病动物需手术费。所以，我们偶遇时，总一句很像礼貌但绝不只礼貌的问候："还好吗？"（潜台词：还行吗？）是幸存者的彼此关切。

我们且都是宝可梦游戏的四十级训练师，我猜，除了游戏可暂让人脱离甚至放空没完没了的牵挂和伤痛，把手下的怪物们个个养得头好壮壮，本就是我们的日常不是？

我平日写稿的咖啡馆离宗慧家一个街区，于是有那么一日，宗慧家巷口的道馆黄艳艳的，塔顶雄踞一只胡地，身为伟哉大红军的我岂能坐视，前往点入，果真是宗慧的游戏ID，她依然十分宗慧风格地未随俗放那守道馆的强手幸福蛋卡比兽，而放了魅惑奇谲的（玻璃大炮）胡地，我看防守时间记录，确认两小时半前的宗慧还"平安健康"，于是，我含着笑，毫不犹豫、尽责、残酷地把那只胡地速速打掉，放上我在京都"保罗"孵出的那只IV100威风凛凛的班吉拉保罗，谁叫我们都是宝可梦国的好公民和给力级的好朋友呢。

二〇一八年八月十四日

# 有河书店的隐匿

这如同诗句一样的题目，得加些注解，有河书店，是一间曾屹立在淡水河畔的独立书店（二〇一八年起换主易名）；隐匿，是女店主写诗时的笔名（其实，这二者在它们各自的领域都赫赫有名）。

应该是二〇〇八年秋天吧，某日的《联合报》头版，一幅占了半版令人悠然神往的照片，那有名的淡水面观音山的榕堤、一只蹲坐回首的猫影，但文字是："淡水没有街猫，还叫老街吗？"新闻内容是，这些悠然自在的淡水猫在数日之内杳无踪迹，等照顾它们的志工们叙起，才知不是个别现象，而最终，果然在镇公所的清洁队寻获幸存的猫只，再追溯源头，才知是临河区的某餐馆，只因顾客抱怨了门前出现的猫（是挡了风景？或非我族类必有病毒？）店家遂找了清洁队抓捕了周遭的街猫。

我们——我和天文，和大隐于市在淡水的舞鹤，便征得有河书店店主同意，办了一场以淡水猫为题的讲座，要求当日来参加的听者带着一张曾经拍过的淡水猫照片，因为，它们如今都已不在了。

活动那天，来者塞爆了小小的有河书店，包括隐身在众人座席中当时的台北县长周锡玮。我还记得，也在淡水与猫(黑呦)散步、将一己食粮白吐司见者有份分食街猫的舞鹤(知道后，我们有空就带些猫粮给他，因为担心他已清简至极的生活会因此难活人)，舞鹤率先发言："今天为猫来的请举手？"结果全场都是，舞鹤遂说："那我们就别装了，今天不谈文学,来商量后续如何补救。"我们当场丢开我们唯一会、但慢死人急死人的文学，不分讲者听者地或泪流满面或怒极打算揪众上街向公部门陈抗地诉说着。

我记得自己的发言是，我举了京都哲学之道猫群的故事。去过京都的游人，无论喜欢不喜欢猫的人，都该记得哲学之道南起点若王子寺坡壁的猫们吧，它们都有附近的邻人照护，甚至我目睹过他们的排班内容细致到还有一项工作"抱猫"，一中年男子盘腿坐在樱树下，腿上伏卧一只沉睡的猫，他静静地抚着猫并对另一只伸手伸脚想上他腿的猫轻声说"还没"，那猫之后近乎排队地还等着几只讨抱的猫。而附近的店家，全是以猫为主题的手工艺店如陶瓷杯盘、帆布袋、T恤、明信片、笔记本……几只街猫，撑起整条路的文创产业。所以，街猫应该是资产，不是垃圾。

（谈动保时，我真不愿意诉诸人的利益，但若这样说，能让大部分人族好过些，能打动甚至翻转公部门的作为，那就这么说吧。）

也有动保人携了地中海小岛和日本猫岛的美丽摄影集，同样逻辑地游说在场的县长：“这些是珍贵的观光资源啊！”

结果是，县长周锡玮向在场所有人深深鞠躬道歉，承诺立即停止捕捉街猫，并配合志工率先择有观光产业的如淡水、坪林、猴硐、九份等处做街猫 TNR，稍后再及于人口壅挤的三重、板桥、双和等处。

风头过了，人群散了，留下的，仍只是静静面着淡水河，店里和店外露台猫们多过顾客（啊，我简直不知他们如何存活）的有河书店、隐匿和詹正德。

我能做的，就是有空就带国内外的友人去有河，那确实是作为台北人的我打心底觉得骄傲的地方，小小书店里的选书和陈列，远远丰富过以华美但单调一致的连锁书店，耐人悠游探索，次次，就算不是出于支持独立书店的心情给他用力买，也都能淘得连锁旗舰店里找不到的一大袋书回。

时间允许的话，我们总在露台面着观音山坐一下午，而等到把自己坐成一墩石柱时，便会从四下冒出隐匿的那些猫伙伴们，有的前来吃喝永不匮乏的猫粮和饮水，有的察觉你是同国人地蹲踞短墙眯眼与你遥遥对望。

## 河猫的可爱与可恶

我非常喜欢读隐匿写猫，无论是日常脸书或二〇一六年结集出版的《河猫》。她充分尊重更重要是体察每一只生命的独立性和完整性，人类学式地、3D式地勾描（有别于太多自命为猫奴或铲屎官对猫族只有爱和同情的单一面相），所以她手下的猫只只个性不同，甚至有可恶的猫——这对动保人来说，要说出来是多么困难的事。这我和年轻作家兼动保人陈宸亿在一场以“动物与文学”为主题的对谈中都一致同意，最理想的动物文学，是敢于自由说出动物的可爱和可恶，那才真正完整。我们都做不到，原因无他，在它们处境堪怜艰险的现状，连帮它们发声都来不及了，哪有挑剔拣择的空间，也许得到万物皆平等了，我们才能本着那文学极独特的核心价值“说出那不方便面对的真相”，写出所有，不挑剔、不拣择，不逃匿、不隐藏。

因此，我不知道隐匿是如何提前做到的，她甚至敢直率地在脸书上修理她那已嫌少少的白目顾客人族（或任意逗弄熟睡中的猫，或完全不看书地抱怨店里饮料品目不多，或盘踞露台仅有的数个座位嬉闹半日不消费……），比起隐匿，我这曾被人说“不爱台湾人、只爱台湾猫”的人，显然要世故圆滑多了。

也因此，我老挂心他们如何存活，并且还得负担那样庞大数量的猫群（从淡水捷运站出口至红毛城的河畔猫皆他们照护，或提供饲料和工读费请“淡大”学生喂食），隐匿某次安慰我，他们每年靠自制的河猫月历（汇集前一年猫友或他们自己所拍的河猫照片而成），负担起整条河岸的猫、饲料、医疗和 TNR 费用。

詹正德与我同一天生日，都有面对人时的内向腼腆，隐匿也讷于言，尽管他们俩在网络是极生猛敢言、多想法、活力十足的人，是故二〇一四年夏天，我在橘子猝死时一心只想去找隐匿，因为之前几个月，她的金沙沙亦走于手术台上，我日日读她各式各样的寻思文字，想寻她慰解。

在那样一个黄昏，我与隐匿坐在露台上，那黄昏的宝蓝色降临之际，我与她说着橘子的离去和之后我的陷入狂乱，隐匿静静听，并没回以任何安慰。稍后，她指指观音山吐纳的晚霞残影，她说，每日的晚霞，她都看得金沙沙幻化而成的身影。

噢，是这样吧，镜头拉得远远的，空拍那山、那河、那城镇、那露台上伤心的两个人影，“我与始皇同望海，海中仙人笑是非”，时间大河中，金沙沙与橘子只是早我们一秒钟先登岸去了。

二〇一八年三月十三日

# 祝你幸福！翠珊

我认识翠珊时，她不到三十岁吧，那是二〇〇九年初，她与夜间遛狗返家的我妈一起进门，她频频表示如此登门太过鲁莽，但因看我妈带着一群照眼就知是收养的流浪狗好几个月了，忍不住上前攀谈，也才知我们家还有更多的猫。

翠珊长得很美，纤细高挑的个子，五官立体细致，但日后相处才知她最吸引人的，应该是她的聪明和独立明快吧。

她的租屋位在我们山坡最顶的豪宅山庄，也才知他们门禁森严的社区内的六七只流浪猫都是她和另一位爱妈丽英照顾。翠珊询问我们如何为街猫绝育的知识技术等等，最终我们决定头几次协助她抓猫，等她学会了再自行处理。

正事谈完，翠珊打量我们家，呼口气说："我一直好想能有这样的家屋。"我和天文面面相觑，觉得她礼貌过头了，她的豪宅山庄有泳池有各种公共设施和花园绿地，如何可与我们这住了近四十年的破屋相比？她指指我们不到两坪但种了两株大桂花树的院子说："这样我就不用老带着我那几罐猫咪狗狗的骨灰搬家了，可以让它们永眠树下。"

翠珊原是香港女孩，在住房密度极高的香港难与动物共居一室，她为了能照养动物友伴，留下在台湾工作、生活、恋爱。

夏末，我们和翠珊决定第一次行动，目标是那拥有三妻四妾的猫大王老黄（翠珊描述老黄的模样长相好似那期《印刻》杂志封面人物的米兰·昆德拉）。

我清楚记得那日下午，我和天文先匆匆赶去关渡和信医院，与癌末倒数计时的孟东篱老孟告别，知道是最后一面了，让我们不自禁地多待了一会儿（只要去掉桃花和高个子，老孟长得可多像我那已不在人世的父亲！），我们横越盆地赶回山庄时已稍误了与翠珊的约定时间，我们赶快依地形和环境摆置好了诱捕笼，便远远地边盯着边聊天，我们向她抱歉迟到了是因为去探望老友最后一面，老友前辈像爱花爱自然一样地爱女人爱一生，所遇的每一个女生也都爱他，他活得自在独行潇洒，有让人不得不羡慕处。翠珊闻言失笑："那不好像我们老黄！"

## 发言的资格

之后的几天，也抓到了它未在哺乳幼猫的三妻四妾，该区加上之前已独立断奶的一群幼猫，对责任感十足的摩羯女翠珊，此后应该是太平岁月吧。

但她被社区里憎恶动物的一二人盯上，无视于她的干净喂食和绝育街猫，一味要求住委会处置她和猫们，甚至轮班到警卫室从监视器盯她，她一出房门、走廊、电梯、大厅、庭园一角喂猫，出入社区……

如此还不甘心罢休，投诉里长并要求召开里民大会，打算以住委会的内部决议凌驾社区外的现行政策与规定（如台北市行之有年的街猫 TNR 计划和“动保法”）。

我们具动保意识的里长，长年默默为我们担了第一线里民投诉的炮火，决定一次让我们沟通个够，于是在山庄的视听室召开此会，我记得我还揪了动保 TNR 经验丰富的林雅哲医师与会，他则带了几名台大行动力极强的怀生社学生旁听。

我清楚记得我才发言一两句时就被那一二人（翠珊告诉我，他们一是律师一是医生）反对最强烈地打断："请问你以什么身份、有什么资格在这里发言？"

我答："我是本里里民，也是动保处志工，来向各位报告动保处的现行街猫政策和法令——"

“这是本社区的住委会，请在场不相干的人出去。”

“我只发言不参与表决。”

“那你先买我们房子取得住户资格再来发言吧，如果你买得起的话。”

（其实我一点不吃惊对他人可以如此鄙夷轻视的人会如此厌憎动物，因为反之亦然。）

只中场休息时，一位怀生社的台大哲学系二年级男生不无激动地前来想对我说什么，眼眶里泛着泪光，他说：“人，为什么可以如此残酷？”

他名叫陈宸亿，是我见过与黄泰山一样最心疼珍惜爱妈处境和力量的志工，日后有机会我也非常想写下他的故事。

那一场住委会并没做出任何决议，那一二人只觉问题浮出台面不好再闷头蛮干诸如警卫室监视翠珊……翠珊也决定日后只能更低调地喂猫（唉，就更夜黑风高啦），并从此参与住委会持续发声沟通。

至于翠珊照顾的那些老黄的后代们呢，它们几乎全是橘白猫，女的甜美少根筋，男的爱说话，翠珊不时传它们照片让我们分享它们良好的状况，只偶尔，她整理好心绪告诉我们，谁谁谁今早在车库口被撞死，当小天使去了。（唉，如果没有绝育的话，真是八百万种死法。）

此间，工作忙碌的翠珊也随我们抽空参加动保处一年一度的志工讲习课程并取得志工证，行有余力也横向支持其他里和动保团体的动物救援。

只偶尔有重大事必须动员里内志工时，几次死寂一片地找不到翠珊，志工本就是志愿工作，我们当然不好催逼过甚，只和天文相互安慰揣测：“一定是在处理感情吧。”对翠珊这年纪的女子，会无法全依理智和纪律行事时，多年经验告诉我们，不是感情难关是啥？

## 天心姐，笼子可以还人家了吗？

我最后一次见翠珊时是某夜她登门来找我，说她在小学操场运动，见当门一具大型诱捕笼，不知是学校或私人打算做啥，好叫人担心……关于诱捕笼，台北市只要参加街猫TNR的里内是必须甚至只有动保志工可以使用的，因为只有志工了解里内猫况，否则捕捉一只绝育除蚤打了狂犬病疫苗的无害浪猫至收容所是无意义的，又且诱捕笼的使用一定得有志工在旁，捕获刹那得立即盖上布物，才不致使它们惊恐逃撞至遍体鳞伤，常有民众，一具笼子一摆十天半个月，等想起来去查看时，是饥渴或撞伤致死的猫尸了。

我和翠珊二话不说立即前往小学，黑夜里一人一头抬着好大一具不锈钢笼子往山坡上我们家去，翠珊纤弱，我气喘，两人一行走走停停、气喘吁吁地终于摆放到我家院子。

一个月后，里长电我："天心姐，笼子可以还人家了吗？"毫不意外地，他们早已从监视器中看到是我和翠珊干的。

交还笼子那天，我们约在里长办公室内，对方是小学的学务主任，我等着被里长甚至主任好好训一顿，没想到里长当面说了一顿学务主任，大意是里内做了近十年的街猫

TNR，是最好的尊重生命教育，教育单位借此向学生宣导都来不及，反倒开倒车用不人道的方式对待，要求学校日后应偕同并请益志工如何处理云云。

我和翠珊偷偷互扮个鬼脸，幸亏没惹上窃盗公物的麻烦。

再一年，翠珊突然登门时我没见到她，她交给天文从罗马带回的圣方济的像坠，圣方济是出了名的爱动物爱大自然，认为万物都是人类的兄弟姐妹。我一直将此像坠随身携带，当作支撑和庇佑。

也才知翠珊嫁了个意大利男子定居罗马去了。

今夏她返台，一一向我说明山庄近两年猫们的近况和去处，有两只她带去了罗马家，有被住户收养的，有老病走了的，剩下的两只街猫目前竟然是当初反对她最力的一二人中的太太在照顾，有机会，我还真想知道他们是如何被翠珊严谨修行一样的照顾街猫行止给感动说服并起而行的。

如今，我不时在远在罗马的翠珊脸书上看她坚定恒常地PO一则则有关动物保护的讯息文章，在她每半年回台探视山庄的猫们的中秋节那日，她在山庄的发文：

> 五年了大momo，再不舍得，我也将你入土为安了。
>
> 就在你常出没的花间草丛……
>
> 希望你满意姐姐的安排。

中秋团圆之际，你也回“家”了。

明月会将你温柔地融入土中，化出繁花，化出无限。

P.S. 恢恢一切都好，不缺烦恼。

姐姐，念甚

翠珊，也祝你幸福。

二〇一七年十一月二十一日

# 阳明山第一公墓的抓扎女孩

文题那么长，是因为我至今不知那女孩的名姓。

她个头高且苗条，长得很美，因年轻而脂粉不施，或该说，她完全无心打扮。她站在黄泰山轮椅后方，神情时而因我们的话题专注，时而放空远游（那神情我太熟悉了，放空闪神是总有那“奇怪怎么连两天没有喂到小虎，不知它怎么了？”动保志工的神情）。

那是去年九月，我们与同样关心流浪动物现状的童子贤约在奶猫中途的“那布郎”的读猫园店里（天啊，每一个名字都是一个精彩的故事，容我日后再一一道来）。泰山，动保圈颇富争议的奇人，他能文能武，文是修法案改建制（催生独立的“动保司”），耐心地一一游说朝野“立委”；武是街头陈抗，第一线对抗失职或不作为的各级动保主管机关或利益庞大的动物繁殖业者，并时时协助不懂法规不知申诉求援的爱妈爱爸……至于说争议，是某些作为政府咨询对象的动保团体始终不以他的街头路线为然（我个人就不止一次地被提醒甚至警告莫与他为伍），这我从来不为所动，因我始终把他所走的街头路线视为动保运动的分工，他打前锋，冲出来的空间，好让给与政府折冲谈判的其他动保团体，他从没嫌我们斯文甚至软弱妥协，我们嫌他怒目金刚什么？！

每半年，我们总要碰个头，交换各自遇到的困境和“运动伤害”，并彼此加油打气。

## 免于饥饿的自由

那日，泰山说到阳明山公园的流浪犬问题。弃养源头已不可考，眼下已然繁衍到数百只浪犬，有的分散于山区各处，有的集结在某山谷（恕我不能透露地点，以免奇怪心思的人做出奇怪的事），它们大多依赖路过心软的游客（一只瘦巴巴但垂着胸乳的狗妈妈的摇尾乞食怎叫人狠下心不分食给它呢）和爱爸爱妈们每日风雨无阻地上山喂食。差别在，爱爸爱妈们会陆续地做绝育，只是缺乏组织和统合协调，总赶不上大自然天性的繁衍速度。

这期间，主管机关“内政部”营建署阳管处对漫山的浪犬和仍不断正发生的弃犬并拿不出专业有效的方法，只能到处立牌禁止喂食并出动公园警察尾随爱爸爱妈开罚单（一次一千五百元台币），打算用的是饿死它们的方式。

撇开文明人道不谈（例如老牌动保国家英国早于四十年前提出的五大动物权利以作为动物福利政策的基本，第一条即是：免于饥饿的自由），动物不是一天不喂第二天就能饿死的，它们有一段困兽犹斗的阶段，它们可能侵入浅山区的人居红了眼找寻食物，可能攻击游客抢食，可能“归野”入山猎食野生小型动物（这是野生动物保护人士最忧心反对的）。

所以自小生活在竹子湖并熟稔阳明山生态的泰山，向阳管处多次交涉并与民间团体合作承担下数百只浪犬绝育减量的工作，交换的是阳管处择一远离人迹的山林隙地用以圈养这批动保志工，承诺可以全数捕抓结扎到的浪犬，唯一没法达成协议的是，阳管处在尚未择地确定前的这过渡期仍维持“禁止喂食、禁止抓扎”的现行政策。于是择地未成的这两年，浪犬数量又增了一倍（没饿死且繁衍不断是因为游客的只喂不扎，胆小机警的浪犬归野果然成了野保人最忧虑的猎食者）。

对于这无解的烂摊子，美丽女孩说：“我只得一人独自上山抓扎。”独自，是怕人多会招上山夜游的人注意，她头戴矿工探照灯，使出包括吹箭麻醉等等各种绝技（恕我不透露细节以免有心而动机不同的人学去），她说，有时该晚任务达成，收拾道具起身准备收工时，一抬头，头灯照射下，环绕她的整个山坡好多一双双的红眼睛不知已盯着她多久了，“最好是狗啦”，因她那大半年抓扎的地点是阳明山第一公墓。

怕黑怕鬼怕坏活人的胆小的我，是不能想象一分一秒那处境的。

“可以想办法要求阳管处，让我们光明正大地进去抓扎浪犬吗？”女孩没有要求任何资源任何协助，仅仅提出这么卑微的请求。

她年纪青春正盛不到三十，是暑假从加拿大返台探亲不慎街头遇到一只伤病的浪犬，从此一头扎进来再回不了头的。我无言以对，挤不出半句安慰的话，也提不出有效的承诺，只能讷讷苦笑着。

这个愧疚总在我有时得闲下来时会浮现心头，她，此刻在万千人熟睡时，仍在那公墓山谷抓扎浪犬吗？是什么支撑她的？

我没有机会再见她并问她，但也是她那戴着头灯独行于夜暗的身姿，屡屡打消我想偷个懒或从动保工作退场的念头。

一年后的现在，我终有机会问泰山，那阳明山第一公墓的抓扎女孩今安在？他答，去年会面后不久她怀孕了，生产前的一个月仍大着肚子在山里抓狗，于是我不免煽情地想到，她一定在面对那夜暗无人却又漫山遍野一双双红眼睛盯着她时，抚抚腹中的孩子，“要勇敢，马麻在这里。”

通常我想到这里就打住了，因为已泪湿了双眼。

二〇一七年八月十五日

# 供养人 I

供养人，是指因信仰某种宗教，通过提供资金、物品或劳力，制作圣像、开凿石窟、修建宗教场所等形式，弘扬教义的虔诚信徒。今天，也指那些出资对其他人提供扶养、赡养等时段性主要资助的个人或团体。

供养，也是一个佛教名词。简单地说，就是以香花、灯烛、饮食等滋养三宝为“供养”。还可以分作财供养和法供养两种，香花、饮食等物叫财供养；修行积德、利益众生叫法供养。在佛教中，具备上述供养行为的人，称为供养人。（以上引自百度百科）

基督徒的我父亲于二十一年前过世时，留了一间那时就很老旧、台北盆地周遭寻常的房子给我们，对朋友、对学生向来慷慨大度的他，只两袖清风留了一百万元台币存款给我母亲。

同样是基督徒，同样笃信《马太福音》“野地里的草今天还在，明天就丢在炉里，神还给它这样的装饰，何况你们呢？所以，不要忧虑说吃什么、喝什么、穿什么。你们需用的这一切东西，你们的天父是知道的”的我母亲，继续相信未来是不需为衣粮忧虑的，便将这款项当作“公款”，所谓公款，就是照顾屋里屋外的浪犬浪猫吃喝医疗绝育所需的用项。

世纪初的第一个十年，这笔公款当用极了，让我和天文在埋头做街猫 TNR 和家中的十几只狗狗和尽量不超过的二十只猫时，无须因费用而踌躇忧虑。

这笔公款在使用十年后正式告罄，但丝毫没影响我们的照顾流浪动物的脚步，只因我们早已过得简单，眼下世界的价值／价格早已如我写过的《厌世文》中所言：“一件冬季外套可供两只母街猫绝育，一个梦幻包包可资助一个爱妈救援一只重病街猫的医疗费……”

这其中，可曾有任何的友人“供养”过我们的价值信念和实践？不多，但有的，例如新竹一位曾听过我演讲的女生微亭（同音化名），她每半年一年会寄上一大批的猫粮供我分享给其他较窘迫的志工；还有我的年轻友人江一豪（一豪是在做三莺部落／反迫迁时邀我一起参加的，他是身体力行的左翼，这名散兵游勇的左卒是“中央大学”毕业，以纯体力的搬家工为工作，每半年，我们匆匆短暂地聚一聚，交换各自公事私事的进度，他总从他的搬家卡车上搬下大包的猫粮，我偶尔的动保演讲场合被他知晓，他也一定想法到场聆听，是围事，也是想了解我和天文专注在做的事吧）；还有母亲的年轻友人春燕，总从她先生工作的动物医院带些药品给我们……

嗯，还有一位如今是数十亿身价的老友，曾在我推荐的中途动保团体认养过三只小黑猫，他们一家确实疼爱，不时晒美照，不时告诉我其中一只只肯吃二百八十元一斤的活虾，一只必须吃某传统市场的现杀土鸡鸡胸，还有一只非得吃清蒸的某种海鱼……

我一点也不怀疑他们的宠爱，只是不免觉得好似安吉丽娜·朱莉领养了越南孤儿，但，那其余的呢？起码安吉丽娜人以自身之名为其余的孩子们宣传其处境，我的友人们，我曾委婉告诉他们，三个小黑猫的妈仍在中途与其他四十多只猫吃大锅饭，可以做的，还很多。

此后，我每月刻意上网看该团体公布的账目明细，从未见过三只黑猫的友人有任何捐助。

## 比我们窘迫的志工和团体太多太多了

我还是比较喜欢人用其长来支助人，例如曾有多个大老板参与其中并争宠于上人的某宗教团体，我曾亲眼见过某企业老板率高阶主管在其企业总部前扫地并开记者会（唉，一看就知是他此生的第一次拿扫把），同时候他公司正在闹劳资纠纷。是这样吧，请先“善待”员工（正常给他们该有的权益），再扫地再捐血再做饭团我通通没意见。

用你真正所长、所有，来帮助人，才是真正的助人，否则只是宽慰自己的隐隐不安，是向人炫耀你也有行善，是向你侍奉的神打商量能否在天堂帮你预留一个好位子。

当然我也有一些被我的发文或实际行动所打动的友人，表示自己因种种原因无法喂养动物但希望可以用捐输的方式给我们或动保团体。

此时我一定客气婉谢对我们的捐助（因为比我们窘迫的志工和团体太多太多了），并且毫不客气地提出一份我建议并推荐的名单。

例如，你若关切动保政策的研究和制定，可以捐给××××；如你赞成流浪猫狗的TNR，可以捐助××××、××××；如你想帮助中途志工，可以捐助××（及太多的个人志工）；如动物救援，可捐给××团体；如动保教育宣导，你可捐助“台湾动物平权促进会TAEA”。

我只明示了“动平会”，因它是我认为动保团体中CP值最高的团队。他们就只有理事长万宸祯和执行长林忆珊二人，直到去年才加入了专案负责人陈宸亿，他们至今没有办公室，各自在家办公，但千万别误会他们是冷气房里出一张嘴的键盘手，忆珊我写过曾是台湾捕捉浪犬以吹箭麻醉的高手们的师父，曾花一年时间，在台湾大小游乐场或所谓休闲农场，偷偷（因为挡人财路）记录下被囚动物的不堪处境。这些近年因应小学生命教育课程而雨后春笋出现的展演场所，毫不专业地喂养照料动物不说，任意让动物被小学生们和参观者触摸、戏弄，甚至伤害，大大悖反教育当局当初设计课程时“尊重生命”的初衷，并继续坐实这地球上的其他物种活该生来就是为我们所吃所用所娱乐所死的。

动平会认养了动保运动中成效看似最慢但其实最重要的源头工作：教育宣导（简单说，只有社会上的人心和人对动物的态度改变，动物的命运才会被改变）。

说源头，是因为只有源头的动物处境改变（例如绝育流浪犬猫，不使其后代无数无辜的生命降临不友善甚至险恶的环境），才不需有中下游无数志工和团体所投入的救援、照养、医护。

尽管此工作如此重要关键，但能获得的关注和支持是非常稀少的，例如救援团体一张可能数年前已亡故的流浪猫犬惨状照片，可以轻易得人恻隐地纷纷捐款，而不易为人察觉的教育宣导便默默被排挤掉了。

源头若做得成功，是不需也不会有中下游的人力人心和资源的耗费的。

年前，动平会的忆珊和宸亿又来找我商量大计，他们研究并搜寻了国外诸多城市流浪猫狗的喂食站／庇护站，希望能在“六都”开始试行。

第一线喂食流浪动物的人都必定能感受到喂食时的必要和困扰（最大的困扰来自邻人因不解的抗议，和讨厌动物人的恣意阻挠甚至下毒伤害），所以喂食站的设立非常必要，但也非常陈义过高（让喂食不再偷偷摸摸，可以台面化，甚至连带担起教育宣导的任务）。

宸亿给我看了一张渥太华国会山庄内的街猫庇护所照片，那是必须得要一地、一代人的文明水准到达某种程度，才可能企及的，于是，我们三人在一间东区午后热闹吵杂的咖啡馆里，又一起发了一场大梦。

还有其他种的供养人吗？

二〇一九年四月九日

## 供养人 II

上一篇《供养人》的定义引自宗教信仰中的概念，我擅自将它衍生为对与自身价值信念者的具体支助实践。

唯我耿耿于怀的是供养人的是否有以其所长来供养面对，而非弯弯曲曲闪避于例如在镁光灯下做一道菜给街友们，做一个蛋糕或将过时的打歌服捐给孤儿院或干脆参加“饥饿三十”* 顺带减肥，或自虐式的扫街、捐血……放着数十亿百亿的身家资源，去竞逐做那“寡妇的两个小钱”的表演……（他们都不怕他们侍奉的聪明的神明看在眼底吗？）

类此的人，我亲耳听过蛮一些，也亲眼见过几人，难道真如同那《旧约》神质问亚伯拉罕的那索多玛城里一个义人也没有吗？

---

* 饥饿三十人道救援行动的简称，是世界宣明会为了帮助世界各地受天灾人祸和疾病威胁的人免于痛苦的公益活动。

有的，在我认得这位义人之前，已听闻过他的一二事迹，最初，是我的老朋友侯导演于二〇〇三年承接经营前身为美国驻台领事馆的台北光点（规划为艺术电影院和市民活动空间），第一年由于百废待兴，营业处于亏损状态，“文化局长”在“议会”备询时披露了此讯息，此时城中的那位义人出现，脸红红地（猜测是怕伤侯导自尊）表示他能否负责那两百万的财务缺口？侯导爽快接受。

次年同时候，义人好细心地电询可需再帮忙，侯导答最困难的创业期过了，已有盈余，请义人帮助其他人吧。

数年后，侯导答应当时的“行政院国发基金”影视创投产业合作邀约，以正筹拍中的《刺客聂隐娘》作为实验模型，希望做成功了能开启同为影视工作者的资金取得管道和政府对影视产业的投资信心。

此期间，因“国发基金”窗口对影视产业的陌生外行（要求侯导先提供银行备有预算资金九千万的证明，政府才能提拨相对资金），侯导于是向义人开口借了六千万，但终因为政府的不解电影的作业流程因此处处防弊捆绑设限至寸步难行，此合作案便流产了。侯导立即将那笔钱还给义人，义人说此款是个人所有，非公司故无须缴回，便放侯导那里别还吧。所以侯导《刺客聂隐娘》将此作为天使基金，在后来法资、日资、中资充裕中，将义人列为出品人的首位。

二〇一二年，我流感引发气喘大病初愈，幸好没耽搁到在淡江刚开锣的印刻文学营的授课，短短数小时内，我从不同的工作人员口上听到某某人在找你，我不知所为何事，只想若真为急事总一定找得到我，便下完课体力不支疾回台北。

不久，义人的特助联系到我，表示非常想了解我们从世纪初在做的动保工作，尤其是协助市政府动保处的街猫 TNR 计划。我们约妥了日子，没想到是大台风，天文遂陪我搭捷运，风雨中走去关渡立功街的他们公司，见面的是美丽的特助和一位部门经理，我原以为隔行如隔山，再加上人生胜利组的他们得让我费上好一番唇舌说明吧，没料到经理竟知晓我说的每一个动保团体，甚至包括一些中途的爱妈。（他回应了我的惊异："我们老板要我们每一个部门主管认养一个弱势边缘的社会议题，我是负责这一项的。"）

我们婉谢了他们打算的支助，只说一切都还在我们可以负担的范围，只日后的流浪动物的书写出版和教育宣导活动，可能会超出微利的出版业所能配合。

之后数年，我与义人有数面之缘，例如移工文学奖的颁奖典礼（我以评审代表出席发言，他以出资者）、纪录片的观影（又是他出资！），乃至一回我与友人们的定期聚会（通常聊聊完全不同领域的各自境况），我也邀了他来，我记得是夏铸九老夏正在说城市本土部族三莺部落和溪洲部落与地方政府抗争多年的目前进度（频频拆迁他们的主管机关，总算因社运和族人的努力，提出了易地迁建的方案，并取得大多数族人同意，剩下的，又是经费的事了）。

## “这我来好吗？”

义人十分内行地问了部落族人面临的核心问题（令我这参与了数年反迫迁活动、念过人类学的人有些心虚虚），而后，义人问了这笔款项数字（族人自贷部分），老夏说要五千七百万喔，义人接口："这我来好吗？" 义人并当场与老夏商量出将此款交由公正的第三者OURs* 保管，按工程期提拨。

当日晚上，义人与我在Line中说起这些在城市中逐河流而居的阿美族人，细细述说起他们百年来在花莲境内的迁徙史，“他们是我从小看熟的族人啊。”出生并成长于花莲瑞穗的义人如此作结。

（我有意跳过这期间外界熟知的义人义助诚品和云门的事迹，因我知不少企业财团在基于节税成立基金会或捐助公益时，通常会有“名牌”考虑，此名牌效应常吸纳并排挤其他更需要帮忙的边缘弱势到叫不出名字到已断炊了老久的志工团队。）

* OURs是台湾第一个以都市空间改造、政策议题批判为主轴的非政府组织和非营利组织。

二〇一六年夏某一晚，义人临时电邀我一起受访，是下一期《商业周刊》的封面人物，义人不想只用老生重谈他公司的丰功伟业，想偷渡一个机会给苦无发声管道的动保议题（那之前，我们曾约了几个都在线上打仗的动保团体开过闭门会）。

我记得他在回答《商业周刊》记者时，尽可能用那个世界的法则来说明："硅谷的成功是在他成功广纳了全世界不分种族、文化、信仰……的人才，丰富多元的所形成的正面效应，我以为动保的意义同样也在此，为地球留下丰沛多元的物种，我们肯定受益其中。"

那一期的"商周"，义人内行地为动保发声，振奋了好多默默做到失去人形的志工，他们不约而同说："这社会一向以为会帮鲁蛇猫鲁蛇狗说话的想必都是鲁蛇人，总算有被公认胜利组的人为动物发声了。"

这很难吗？我的有些同样具人文素养并发了财的老友不作为到令人不解的地步，我只能猜，他们以一种古老的社会达尔文主义来面对来解释吧，也就是他们都是"物竞天择、适者生存"下的适应者和强者。（潜台词是，那些不适应的弱者穷人，只能咎由自取地被淘汰吧！）

信奉社会达尔文主义者甚至进一步衍生举例：为了要让一朵玫瑰开得美，将同株其他羸弱幼小的花苞摘除是必要的。

（偌大的花园，只开出几朵绝美的玫瑰的那图像，何其荒凉啊！）

我写此篇，最感困难处是对这位行善不欲人知、给野花野草无名树无名花一条活路的义人，该说出并让他为人所知吗？例如做了十年原该是“文化部”做的老作家纪录片，如半年前猝逝的陈俊志（我在他姐姐的哀悼感谢文中才知他最后的一段岁月都是义人在默默支助，而他，我相信绝对不是唯一被支助的创作者吧），如彰化南投之间一三九号公路、默默在抓扎浪浪的爱妈们……

起码，我有权、也有义务说出我见到的这部分，是吧，索多玛城的罗德先生童子贤。

二〇一九年五月十四日

# 共生的时空

# 从一只叫“大头”的猫说起

去年初的一场酷寒寒流入境，我们家后山社区的杰克警卫通报出现了一只大黄猫，大黄猫猫况不佳（皮毛零乱，一只眼似已盲），它大约是因老病被丢弃的家猫，只静静藏身在警卫亭前的一丛花木中。

夜班轮值的杰克警卫（我曾在《我的浪猫人》中写过他），一向善待山坡的浪猫，亭内办公桌上一个小电锅，他用来蒸热便当，有时也清蒸一条鱼，有那闻香来的浪猫坐等亭外，他一定人猫公平分食。

不耐户外酷寒的大头立即感冒（我们以其特征命名为大头），它缺乏安全感地不肯近人，杰克警卫便以自己的防风外套搭花木丛上为它遮风寒，立即被开车进出的居民抗议有碍观瞻。

我们趁着它正病弱，徒手抓到它送医，果然它一只眼已盲，医生本建议不急摘除眼球，只它因青光眼导致的目盲可能会引发剧痛，而它不时以手爪拨弄的结果可能会感染恶化，便提早摘除。

我们立即面临手术的决定，家医型的动物医生表明无法做这手术，建议送到专业设备完备的大医院，唯术后的隔离休养可在他们处长期住院。

医生知道我们向来照顾的浪浪众多，自愿帮不开车的我们送至城北，也透过学长学弟交情将手术费降至只需三万元。

（每面临此，我总妇人之仁地想多了，想它即将失去一只美丽的眼睛，想它从此得独眼在外求生，残破的余生……）

手术成功。这期间，志工里年纪唯一比我们长的宝猜私讯我，意欲分摊一部分手术费，我非常感念她的心细，不对其他志工造成压力地避开群组发言。所谓志工，原就是依自己认知和能力做多做少，我们渐将第一线喂食工作交给年轻力盛的他们，经济上，自然就多承担，不增添正要成家育后的他们。

世代差异 / 对抗 / 仇视，并不存在于志工中。

大头从医院回来后，自行选择在警卫亭不远有一人高的花坛处，花坛的鹅掌木扶疏，天气好时，我早上出门，总见它蜷卧在其中安睡，它手术伤口恢复得很好，平整、干净，好像从来就是只独眼猫似的，给我很大的抚慰。

负责喂食它的年轻志工乖子和徐多夫妻告诉我，冷雨时它都会钻进花坛前路边一辆死车下，那辆已停了有三五年盖着帆布的车，是再好不过的街猫庇护所，大雨时，乖子细心地在车底放上一大片栈板怕它无可坐卧，除此外，乖子徐多也特别给它添加营养补给品，眼见它头好壮壮，但心疼大头的乖子仍不肯只做到此，她帮大头物色了一“安养院”——附近的一家动物医院愿意让乖子分期付款安排它从此入院生活。此期间，天文也应邀一起去看了医院环境，是几位年轻台大兽医师合开的医院，有一敞间明亮干净的地下室隔离区，若没有其他动物住院时，大头是可以自由晃荡的。

打算送大头的前一晚，我们约了在花坛处看大头，天文说：“从此没有这个太阳这凉风这花丛和这乖子啰……”天文不经意的一句慨叹，仍存犹豫（到底怎样才是对大头最好的？）的乖子，当场放弃了送大头入住可以饱食终老、无灾无险也无自由的安养院生活，而代之以有阳光有微风有乖子有我们的余生。

## 人族的改变，才能让动物处境也改变

这两难，一直存在于志工们，甚至动保团体中。数年前，有一位我敬重的长者善意约了不同主张的动保人坐下来闭门谈。

我们对流浪动物的差异在于，我主张并一直在实践流浪动物的 TNR，亦即，与其当时每年公部门抓十数万只流浪动物收容并扑杀，不如捕捉同样数量并绝育放回，让流浪动物的命运到它们这一代为止。

争议在主张捕捉收容扑杀的在意的是流浪动物的动物福利（餐风露宿、朝不保夕），宁愿它们可过七到十二天饱食干净的日子再受死，而不受苦终生。

如此主张的团体，是不需质疑、信用良好、动保贡献丰沛的前行者，我丝毫不怀疑他们的主张和动机，因为这或是两套不同的价值判断，“好死不如赖活”或“赖活不如好死”，剥夺生育权以换得生存权或以生存权换得动物福利？

谁也说服不了谁，也或许我们都太过认真执着在思索在设身处地它们的处境，各自都认为自己才是真正为它们设想的，而其实掉入了庄子与惠施的濠梁之辩不自知。

也许，这其中我真正在意的还是人吧，人族的改变，才能让动物处境也改变。

我在意的是动保运动的开展和生命教育的实践。捕捉扑杀，是唤不起动物志工和常人丝毫热情的，当他意识到捕捉一只在便利商店前晒太阳无害的浪犬是要去“送死”（即便死前可以过上几天饱餐安全的日子），他甚至会阻拦，或大多别过头去不闻不看公部门的捕捉。相反地，TNR，当他知道这可以改变一只瘦弱觅食以便回后巷哺乳更瘦的一群幼幼，是“求生”时，起码我，是有热情去做这件事的，“求生”可以激发爱动物的人的素朴情感和草根行动，“送死”，是冰冷，并难以对他人言传的（例如我曾不止一次见过小学生从便利商店出来，分半根热狗给门口的浪狗吃，我不知有一天该如何告诉他，狗狗被抓走了，只因它没家没主人，但放心，它会过几天好日子，然后再安乐死）。

月黑风高，把这些“有生命的垃圾”移除于我们的生活空间外，从此我们又可健康自在继续过着这世界只宜于人族生存的日子……这比较好？或一只潦倒无家的浪猫浪犬，一定让人见了心生不忍、不安、不舒服甚至嫌恶，但这不就是思维启动的开始？给自己一个说法，给那喂热狗的孩子一个说法，想想自己和人族与其他物种的关系……

一只独眼老街猫，得社区警卫，得我们，得年轻的乖子徐多、年长的宝猜、动物医院的医生，和好些个放学时行经它、停步凝神看它的人族小孩的关注（以及必定发生的心灵和情感的变化），这，不是捕捉扑杀眼不见为净的政策所能达到的生命教育，不是吗？

二〇一九年三月十二日

# 抢救北一女的猫

好些年了，我之所以答应不时回北一女*担任文学奖评审或演讲，实非校友怀旧、想去重温校园尽管改变了不少的一草一木的回忆。我是为了看猫而去，沿着贵阳街墙侧浓荫下懒洋洋晒太阳的猫咪们，盟盟曾从其猫家族中带回一只单一手掌即可握拢的美丽小公猫贝斯（91级的乐队贝斯部的女生们还记得吗？你们曾共同轮流养护了一个暑假，开学时家中怕影响课业不许养，而匆匆托孤给同学的贾宝玉一样的小猫）。

贝斯两年后离家未回，我想念它极了，只能回学校看看它无鼻独眼、只有半边脸的黑猫马麻，和兄弟姐妹们，望能从它们身上找到一丝丝贝斯的身影。

那些树荫下闲适的猫咪们，成了我对北一女最美好的记

---

* 台北市立第一女子高级中学。

忆，和想望。

我曾在一篇《猫咪不同国》的猫文章里提过，旅行不同国度时，我会习惯以他们街猫对人的反应（友善、不惧不理，或夹尾鼠窜）来观察这国人对其他生命的态度，乃至对“非我族类”的文明状态。

由此，我很高兴，作为一个明星、精英学校，北一女的生命关怀教育，是进步的，成功的。

话说得太早了。

去秋，有同学告诉我，十几只猫咪一夕不见了，并不知是天灾，还是人为（例如一般最懒惰落伍无知的做法，将之当无生命的垃圾请环保局抓去，七天后当垃圾处死焚毁）。

既往不咎。

近日，有爱猫的同学告知，学校趁暑假里执行校务会议的决议，必须“处理”散布在校园角落幸存的大约包括正怀孕的两母猫在内的十只猫左右。消息在动保圈激烈迅速地传开。

作为校友，作为台北市动检所志工和NGO组织“台湾认养地图”志工，我非常期盼负有教育责任的带头学校，在这一堂课不要失分，可以用进步、人道、文明的方式对待，当然，亦可因循旧法。

事实上，经过民间动保团体和爱动物人的努力，以及动检所严一峰所长的大力配合，台北市二〇〇七年有五个里在做街猫 TNR，即用原先即在默默照护喂食街猫的爱动物人士的活动，捕捉（Trap）、绝育（Neuter）、放养（Release）的人道方式控制街猫的数量，公部门在 TNR 中只需负担其中绝育手术的费用（很讽刺地，此费用不及旧法的捕捉、留置收容所七日、安乐死、焚毁费用的一半），T、R 让原来长期就在做的爱动物人士负责，其他大部分的人，并不需多做什么，甚至可以继续你的不喜欢。

街猫们被迫交出它们的生育繁衍权利，换得我们人族让它们终其一生（街猫通常只有二到三年寿命），有个活路。作为人族，我们连问过它们一声都没有，如此不平等的交易，别得了便宜又卖乖。

若二〇〇七年证明五个里在街猫数量控制上确实有效，（事实上，这是目前欧美先进城市唯一经证实能有效控制街猫数量的办法），未来，整个台北市将可能可望改弃旧法旧制而采用 TNR。

我们——“台湾认养地图”的苏圣杰、同样是北一女校友的台大外文二年级的葛雁（她和几名伙伴自己筹款，整个暑假在民生社区 TNR 了七十几只猫）、我，基于同样焦急的心（只差没喊“刀下留人！”）拜访了校长、总务林宗仁主任、学务简丽贤主任，并承诺，我们愿意协助学校做 TNR 并自行吸收绝育手术费用。

颇让我们吃惊地，他们都很诚恳并具知识准备（尤其肩负执行任务的林宗仁主任咨询了不少兽医师们和动检所，对TNR专业知之甚详），都愿意采用人道、进步的做法。

不赞成、没耐心、不了解TNR做法的并不存于治校的人，但坚持校方立即以旧法的声浪仍不小，校方基于尊重和保护不同意见的人，不愿透露压力来源，我猜测，是学生家长和一些老师，果真如此，我很愿意进一言。

我们常抱怨如今教育体制出来的精英冷漠自私或只是个专业机器，尤其每见社会新闻中受高等教育的医生缺乏爱心医德，或律师利用法规漏洞犯罪，或工程师无能处理区区切身事，或他们普遍对公共事务尤其大量弱势人权议题全无关心和付出时，我们要怪他们什么呢？当生活里的弱小日日在眼前出现（也许“乐生”病患、外移工、新移民配偶、缴不起营养午餐的学童……都太远了），我们教他们，你们来学校是专心读书准备考好大学的，其他事不必理会，猫？叫环保局赶快当垃圾清走一了百了。

如此这般对弱小生命的态度，你们要怪他不懂同情关怀弱小，不懂付出感情温暖，甚至对家中日渐老衰的父母也不关心不回报……有什么好吃惊、好责怪的？！

我希望，北一女不是只在升学考试的表现上走在一代之人之前，我希望它能在对待其他生命上（TNR后，不超过十只猫），也能走在社会前头，做其他教育单位的典范。

我希望，长期在默默喂养这些猫咪的同学、老师们，能相对多做一些，把其他不喜欢猫的人的抱怨（例如排泄物问题、除蚤、喂食猫粮而非会引起环境脏乱的便当厨余）的理由去除或改善。爱猫的无名英雄甚至该站出来，成立社团，严肃可作动物权动物伦理生命关怀的探讨研究，轻松可教同学如何欣赏观察猫族生态（比看“国际地理频道”“探索频道”要生动实时得多），消解人族因不了解而对猫族的误解，进而学习尊重生命、与之共存（地球是大家的，不是单一物种可自大独享的）。

我愿意再啰唆一次，依猫族的生活形态，就算现存校园的猫全捕捉或全被同学们认养带回家（这几乎不可能，很多世代为街猫的后代是不愿意也不能与人共居一室的），净空出来的空间，会继续有其他外来的猫咪进驻并迅速大量繁殖。不断地捕捉，除了残忍粗暴，并不能有效解决问题。

我可以理解，如同社会的缩影，会有默默照护的爱猫同学老师，也同样有视之如无物如垃圾的人。但这不应被理解为争执的两造，主校的人，应意识到而选择站在进步、文明、人道的那一方，若不如此，可能得有心理准备面对其严重的后果，例如岛内、国外动保团体的非难以及留下动保不良记录难以洗刷。

这绝非恐吓，而是作为校友的善意提醒，到底这一场，学校教育想留给学生们什么记忆，不断地捕捉扑杀的肃杀气氛，还是除了对同学、师长，还有其他可堪记忆的生命呢？

我对校方的进步想法有信心。我也希望不喜欢不了解街猫的家长老师们，可冷静思考，进一步的资料知识可寻找“台湾认养地图协会”：http://www.meetpets.idv.tw。

二〇〇七年九月八日

# 一个小水罐

二〇一七年三月，台北市永康街二号二楼的希罗斯咖啡馆被星巴克取代，目睹又一家独立咖啡馆被连锁企业取代，我只能做到，不再去，和保留着记忆。

因为之前的十年，以笔为业的我们家三个人，是不分晴雨台风、周末、假日（真的，例如除夕那一天，一定要问清他们大年初几才开业），都前往报到。唐诺的《世间的名字》《尽头》《眼前》在此完成，海盟的《行云纪》《舒兰河上》亦是，我的《初夏荷花时期的爱情》和《三十三年梦》也在此写成。

总是上午九点进咖啡馆，下午两点离开（脑力有限，再坐下去就不像了），附近的几家小店轮着解决中餐，就也吃不腻，此外还可“正记”“信远斋”带些晚餐菜，东门市场搜罗些收市前随便卖的蔬果，修伞修鞋换钟表电池……我们再自然不过的生活圈，也因此以为日子会一直这样过下去。

当然还有当时的松青超市（现在的宝雅生活杂货），超市地下室一角有个小小的补衣铺，重要极了，尤其对我这终年夏季一套、冬季一袭类制服的穿衣习惯，不时地在给猫喂药或戏耍时遭扯破的衣物得以修补，重要性不亚于医院。

补衣铺是两名女子在经营，一热情的东南亚籍外配或港人移民（口音让我难以判断），一终日埋首在缝纫机前长相似来自部落的安静女孩。热情女子很快发现我的衣物总沾有猫毛，尽管送修前一定洗涤过，但可能是当日身上的粘连所转印的。

因此我们聊起猫事，才知这块街区（新生南路、金华街、信义路、金山南路所围成的）的街猫全是她们在喂养，我吃惊极了，那、那只天气好时会在希罗斯窗前晒太阳的剪耳三花猫是你们 TNR 的？那秀兰对街空屋墙头的白脸腹虎斑？松青大楼停车场旁那只黄虎斑好一阵子没见了……“那是黄弟弟，胃口不好抓去检查出口炎好可怜，现把它放在张小姐家治疗照顾。”

我们像是失联的地下党员同志，急急交换着不会有人知道并解读的情资密码，这我也才知她们的上线张小姐是钢琴老师，专教课后的金华中学学生，她负责赚钱提供猫粮、医疗、绝育的所有费用，部落女孩负责每天定时定点喂食和观察记录。

建议并教会她们如何加入市政府动保处的“街猫 TNR

计划”，我说我有某种动物医院配方的治口炎药可提供给小黄弟弟，是一种糅合了抗生素、类固醇、维他命、开胃药的鸡尾酒制剂，适口性高，适于喂一天只能见面一次的口炎街猫，唯副作用是长期服用会导致糖尿病，但口炎绝症的生命是月计，糖尿病是年计，权衡过后，我们会选择以此作为支持性治疗。

小黄弟弟得此药，立即开始进食，我们前以低价后以被捐赠得此药（医院知道我们在长期照护街猫故），所以我们当然不收她们药钱，但张小姐立即托她们赠了我们一大盒甜食。

长期以来，爱妈或该说动保志工老被描述成一群眼中只有动物没有人的怪物，包括我过去的挚友也如此定调我。我的经验正相反，逻辑来看其实更简单不过：会对眼前的受苦动物不忍的人，怎不会对更大型的灵长类哺乳动物的受苦视而不见并袖手；反之，会对眼前的受苦动物搬出各种堂皇怪异的理由以转移其不作为的人，怎会对其他人族心软同情并伸援手？

——虽然，我们关起门来时，常无顾忌地忘情痛骂残酷的人族，因为他们（好吧，我们）是造成了地球上动物们所有悲惨受苦的祸头子啊——

曾经在台湾本土动员最烈的那些年，每临选举，如我这类父辈四九年来台的所谓外省人二代，总会被或正经或猎巫

喂养流浪动物，饮水比食物更迫切

地质问“认同问题”，我被一位“立委”之妻所成立的基金会以研究计划之名访谈，其中一题是“两岸战起你会选择哪一边？”，还有一题“你所认同台湾的是什么？”（那时尚未有“台湾价值”之话术。）对前一题，我回答：“答了算数吗？就信了吗？其他族群也得回答同样的问题吗？”后一题，我答“一个小水罐”，不是人称自豪的民主、软实力、“文明”，不是一〇一大楼，不是自我感觉最美风景的人……

一个小水罐。喂流浪动物的人都知道，饮水往往比食物更迫切更重要，二〇〇七年，郝龙斌市长开罚冷气滴水后，我熟悉的动物医院的医生不止一次地感叹：“奇怪，近来街猫得肾病和泌尿问题的特别多。”举此例，无意批评此政策的对错，只想说明，原来街猫长期、尤其在这种动辄十来天不下雨的酷暑，它们是靠这冷气的点点滴滴饮水维生的，所以置水是照护街猫不可少的工作，但这微不足道的工作在中产爱干净的台北市却困难极了，街角任何一个有水的容器总会引发登革热的疑虑恐慌，尽管其中的水是每日更换不可能有孑孓的。

所以，如何置放那一个个小水罐真是一门学问，要隐藏得正正好，不被人族发现翻倒踩扁清除，又得被猫们察觉饮用。所以，我每又窥得那一个谦卑的、藏在小叶冷水麻丛里的小水罐，总感到温暖和不孤单，因为那后面是如何地有一颗人族热热软软的大心在着。

是这样吧，可以容得那样一个水罐和人心的城市，是我愿意留下存活的地方；反之，若有一天，这城连一个水罐都不得容身，是我该离去的时候了（虽然我从未想过要去哪里）。

这，该可以算是一种台湾认同吧。

二〇一八年六月十二日

## 徒法不足以自行

这是发生在二〇一五年的一则公案，至今悬而未解，甚至状况更险峻。

我得从再早些说起。

世纪初的十年，由于我的一干友人纷纷投入（或该说原就已在做）社运和公民运动（都是扎扎实实的蹲点，有别于之前和之后被政治力收编的那种社运），我在参与例如工运秋斗的场上，会令人错愕地提一提南洋姐妹会的处境（亦即俗称的东南亚新娘），而在参与南洋姐妹会活动时会说城市本土部族如三莺部落的即将面临第 N 度的拆除迫迁；我在与三莺部落交流时会说说我熟悉而做白了头的动保现实状况；而在一次一次动保社团演讲或里民大会，我一定拨出一些时间谈谈移工们目前的处境……

这些我自知近乎白目的言行，我猜当时的自己可能自觉有义务告诉这些边缘弱势人权团体："你们在台湾并非是最惨最孤立无助的。”二可能是希望彼此之间能建立起一些连带并互相声援的关系，不让贪得无厌的政治势力动不动就伸手进来掠夺接收运动成果。

二〇一五年秋天某日，我参加一场征文的颁奖典礼，那是我参与了为期半年，宣传、审稿、评审会议的第二届移工文学奖（专为东南亚籍在台工作或婚姻者所办的），而我们看到的是全部已经译成中文的印度尼西亚、菲律宾、泰国、越南的母语写作作品，可想见这奖项不同于其他文学奖的艰巨并烦琐的过程，要不是有当过《立报》《四方报》总编辑和创办过“灿烂时光东南亚主题书店”的张正、廖云章夫妻悲愿式地投身于此，几乎是不可能的工程。

（此间，我无能多做什么，只能将演讲评审费捐回给主办方，所写的书序稿费订了多份越南文的《四方报》给在外公家工作的越南女孩阿梅和她的友人们，让她们能稍不孤单。）

这之前的大半年，我的一些在照护流浪动物的志工友人们频发不解和求援的信息，不解为何近时如此多喂食照护的浪浪不见了，又或出现的浪浪多有被打断脚、打爆眼、身上满是刀伤……（与过往的车祸伤、同类相残伤大不同。）

志工们求助于地方政府的公权力，不令人意外地被视为这是猫狗小事无暇处理，因为连史上自称最爱动物的领导人都以为认领了两只猫或几只退休导盲犬，便觉得从此动保工作就做完了。

## 天人交战

这旷废时日、心力的追查过程我一笔带过，民间自力救济的结论是：工业区某国籍的移工周末休假以猎食猫狗为休闲活动，他们在自己的脸书放上开心地炫耀鲜血一地刚处理好的屠体，或欢笑地烤、煮一只猫或狗的照片……

公部门不作为，大家只好祭出法规，法规的依据是：依“就业服务法”第七十三条第六款规定，外籍劳工如触犯“动物保护法”之刑事罚责部分，且经检察官起诉或经法院一审判决有罪，“劳动部”将依“就业服务法”第七十三条第六款及第七十四条规定，废止其聘雇许可，并限令出境且不得再入境工作。

我在前往颁奖的公车上，接到一个爱妈冷静到不正常的求助：“小黄给打瘫了，站不起来，我没有钱带它去看医生，我宁愿它第一棒就被外劳打死，好好吃了，起码它这一生不是像其他人说的一点用都没有。”

这一生，我从没如此陷入天人交战过，该不该在应是充满欢喜的颁奖典礼上、代表评审们致辞时顺带说出此事，因为若像某些动保团体的一直想大声宣战或动私刑，只能让原已歧视移工的台湾社会歧见更深（我不赞成也试图阻止），而在特定场合，这讯息比较能准确地传达到该知晓的人耳里。

于是在感谢过主办单位的辛苦和恭喜过得奖人后，我如此说：“我除了关心移工议题，也长期在关心动物保护议题，以下的发言，无涉每一个地区的文化、传统、习俗……我只是要提醒说明，台湾有一部‘动物保护法’，若随意捕食哪怕是无主的狗猫，都会触犯法规，若触法经判决确定，会被遣送出境，并永远不能再入境工作。我深知大家花费了巨大的中介费才能入境工作，很不愿见到因为不知法而触法，而失去工作的机会。”

我从在场的张正的铁青的脸色，知道，唉……

这就是多元价值冲突吗？我不知道若换作是其他也关注这两项议题的人，会如何做？

其后数月，还是动平会的忆珊下海帮忙农委会收拾，他们连续每个周末，在移工会出游集结的如“六都”的火车站，以某国文字写成小看板，请志工们举牌整天，内容极尽可能中性，slogan 是“保障工作权！”，之后简短陈述“动保法”相关条文及其触法后的处置后果。

至于我自己呢？从此被牢牢贴了个“××× 只爱台湾猫、不爱台湾人”的标签不去，红字似的。众口云云之中还有一位大学者，此学者原也是东南亚国籍，也爱猫狗，我超想知道，他若是面对同样处境，会做什么选择，怎么做？

至于我爱不爱台湾人（天音：超不爱！），我超不爱那种只将自己的利益置于所有之上，以秩序、干净、安全为名公然歧视其他物种的某些台湾人，哦，不只不爱台湾人，我还超不爱那种以为地球只宜于人、只容许更好是一己生存的管他哪国人!

但为何这么些年后重提这一则公案?因为不久前,报载“去年十月台中污水厂两名某国移工养狗杀狗吃狗,一审判决一人拘役四十天,罚三万,另一人拘役三十天,罚二万”。

因为过去虐杀、宰杀猫狗都判轻罪,动保人士才会“修法”,将刑责从一年提高到两年。

我们每以不文明的邻居至今无“动保法”自傲,但徒然有了法,依旧充斥着认为猫狗是小事的恐龙法官。

总其结果,我们还能如此自我感觉良好吗?

二〇一九年七月九日

# 逃兵

由于前一篇的《徒法不足以自行》提及了我某些长期蹲点做社运的友人，发表后，一些半熟不熟的朋友略表吃惊地说："都不知道作家们还要做那么多公益，原以为……"他们不好多说，我替他们补完不方便的"以为"："以为作家都不食人间烟火，每天在恒温的书房或咖啡馆里，不接地气地沉浸在自己幻想世界里？"

听者露出感谢和不好意思的笑容。

其实他们无须为自己对作家的刻板印象感到抱歉，因为两样都是真实的我的状态：每天务能卡出几小时进咖啡馆，面对笔记本，写一些或写不出，那是另一个世界的我，不为利诱（看吧，不食人间烟火），不为势夺（我以为，拒绝权势不难，但要不被弱势同情所挟持，难）。

作为一个公民，我喜欢他人、我自己心软软的，不服从丛林法则，不大小眼，闻声救苦……但作为一个写作的人，我必须坚硬心肠，逼视人的种种面向、质素，以及在不同处境里的价值排序或缺乏……这个“人”，包括无论强者弱势、胜利者鲁蛇，一个也不放过。

所以，其实在社会工作参与上，我是十足的逃兵，不是为了保护有限的时间和资源，而是更想保有一份不让同情、不忍和泪水没顶的理性清明。

作为一名逃兵，我逃得可多了。

随手举二三例。

世纪初，因“族盟”（“族群平等行动联盟”）结识为好友的顾玉玲，那时在TIWA（台湾国际劳工协会）工作，屡屡邀我参与他们软性活动那部分（相较于街头冲撞抗争如例行的秋斗），但用“软性活动”来描述实在有点轻佻，因在我看来，那是得十分耐烦的工程，例如移工摄影展，玉玲先想办法四处募得一批二手相机，赠予想以摄影记录下眼下所见的移工们，经投稿、评审后，选出一批作品陈列在他们假日在圣多福天主堂做完弥撒后习惯群聚的抚顺小公园展出。

我自己、和带不同友人去看了好几回那奇特的摄影展，简直觉得被“喊国王没穿衣服的小孩”似的，揭开我们自以为高人一等的文明生活。

## 十多年后的今天，她们在哪里？

至今，我还清楚记得几部作品，一幅是家庭看护移工所住的卧室房门，没有锁和门闩，以便雇主可随时推门进来使唤她；一幅是地板上摊成美丽扇形的电话卡，不言而喻的沉重的乡愁；另一幅是可爱开心的三四岁小女孩，手指脚趾缝里插着一支支彩色笔，大概以为自己是只暴龙或猫科动物吧，因她得意地仰视对拍摄人笑着，拍摄人为这名台湾孩子起了个标题，类似“My Beautiful Baby”。（我真想知道十多年后的今天，她们在哪里？她们还在彼此的心底深处吗？或是个什么样的痕迹？）

玉玲做这些，是意图在为他们争取该有的生存和劳动权益外，还能有完整的自我和随之而来的强韧心志吧。

我没猜错，因为之后玉玲开口邀我帮他们上写作课，教他们如何以各自的母语写下在岛屿的这一场际遇。我火速先推给唐诺，后来再推给钟怡雯，我给了自己很正当的理由：“我连中文写作都没教过，遑论其他！”

我的作家友人安慰我的逃跑：“他们陈义过高，很难做到的。”

同样“陈义过高”的还有夏晓鹃，晓鹃在上个世纪末叶（一九九五年）于美浓创立“外籍新娘识字班”，经八年的培力工作，于二〇〇三年在新移民女性的积极参与下成立“南洋台湾姐妹会”，致力于台湾移民／工运动的推动，并积极与国外移民／工运动团体结盟，著作包括《流离寻岸》《不要叫我外籍新娘》等……

二〇〇五年夏天，晓鹃邀我和侯导、唐诺去了一趟美浓，看看她们“陈义过高”的梦想。她们不以能识中文、编不同国语文的中文教材满足，这些南洋姐妹们，占人口外流严重的美浓镇的移入人口的大半，子女渐长，她们不甘心原先母国受的中高等教育或本事除了家庭全无施展余地，婆家在美浓的晓鹃，找到了几个废弃的烟楼，姐妹们打算规划为民宿，布置成一间间母国文化元素的如泰国屋、越南屋、印度尼西亚屋、柬埔寨屋……餐厅则轮流供应各自拿手的母国料理……正经地导览完，她们相视一笑："这样我们大年初二就也有娘家可回了。"

姐妹们说着我熟悉的四县客家话（那也是我的母语啊），晓鹃说，台湾的客委会才该颁姐妹们奖呢，因为客语的存续显见寄望在她们身上。

日后我完全没能为姐妹们做什么，尤其在曾经对外配的入籍法令近乎歧视刁难的年代，姐妹们要求修改的抗争过程，我全远远地看，只一年一度荷包带足去参与她们的年终聚会，买好买满姐妹们做的手工艺品和“唔好吃极了”的辣酱。

这几年，我忙于人少资源少的动保工作，较少积极追踪姐妹们的近况，暗暗希望如同交工乐队为她们做过的歌曲《日久他乡是故乡》。

逃得还不够，正在逃的是黄泰山二〇一九年三月开始推的“要求官方修法，明订县市政府应全面绝育流浪猫狗”的公投联署。

这应该无所遁逃的事，但也许对灭顶于其中多年的我而言，我深深了解流浪动物议题在绝大多数自以为是中产阶级要求干净和秩序的台湾人来说，这不是倒数第一、起码也是第二的冷议题，毫无任何社会动能。

即便经动保团体历年来的努力宣传沟通，地方政府也都了解要有效并人道地管控流浪动物数量，只有 TNVR*，但县市政府至多只肯拨款用于动物的直接绝育手术费用，而视捕捉运送（更别提之前长期的喂食、观察、统计）的专业志工人力是无偿的，所以三天打鱼两天晒网的（不）作为，是赶不上漫山遍野的流浪动物的繁殖速度的。

日前我见泰山在脸书上募电扇，只因整理联署书的志工在没有空调的简陋室内，汗如雨下至糊了字迹。

此期间，我气喘几度急发，频频进出医院，其中一次还因肺炎住院了一周。

不逃，也算逃了。

对于像精卫填海、完全不自量力（身体比我还糟）的泰山，我掩面能逃、就逃，只能继续做逃兵吧。

二〇一九年八月十三日

---

* T-trap 捕捉，N-neuter 绝育，V-vaccinate 接种疫苗，R-release 放养。

# 厌世文

年愈长，愈向往一种生活，关键词是：就薮泽、处闲旷、衲衣、草鞋。

就也才发觉，如此的日子，已其实过了快半生，只几个月前弃了草鞋，买了我此生第二双马丁大夫鞋，相信之于我这日行十五公里的行者，它会陪伴到我生命最终。

何以发此厌世文？因为有太多的死亡、太多的悲伤，这似乎是与动物相处必然有的处境，几年前，我曾应邀寄数语给香港的《字花》杂志，说明此：

> 我和姐姐天文做动保志工且领有市政府动保处受训过的志工证多年，最感困难的并非物资（少买个包、穿旧衣即可），也非时间（其实随年益长快觉得分身乏术了），而是感情。
>
> 明明记得它还是小奶猫的可怜样（其母来接受我

们每日定时定点的喂食，它那头哇哇大哭声震社区中庭），我们还没见过它，就已将它命名为乌鸦鸦。

明明记得它的可爱，我们在等它妈妈和其他街猫用餐时，它总把握片刻磨蹭蹲坐的我们或干脆跳到围裙上埋头温存。

即便如此，我们未曾动过念头把它带回始终有十五到二十只猫的我们家，因乌鸦鸦家族所在的社区被我们多年宣导下来尚称友善，便决定让它就地自由生活。

记得它威风的盛年（尽管绝育了，它仍执拗地把误闯入它那邮票大小的地盘的其他街猫呵斥逐出）。

记得最好的时光，它在那洋紫荆花落一地的粉红台阶尽头现身，伸个大懒腰，一刻不错过地前来磨蹭你脚踝、鞋子，第两千一百九十次地对你说，你是它在这世上最亲爱的人。

它旋即病了，你带它去它从未进过的人的医院的灯光的器具下检查，检验报告还没出来，它在你卧室桌下静静地离开了。

医生说，六岁是街猫的晚年……

一直有人要我简单描述动保志工（或爱动物的人族）与动物的关系——吸血鬼吧，永生不死的吸血鬼，总必须一次一次目睹短命于你的所爱的幼年、成长、盛年、华美、老衰、离去。

乌鸦鸦是我们每年得送别的众街猫之一，而我们照例想不开也无法保护自己地，次次老吸血鬼一样地热泪如倾大哭一场。

这文中的乌鸦鸦可代换成乳乳、Totoro、临临（今年逝去十六岁、二岁半不等的家庭猫族成员）。

完全不能释然。

## 黑衬衫与肉泥罐

关于就薮泽，我们住了四十六年的老屋可算是，而我每天工作的咖啡馆也筑在曾经的河道上，尽管它处于台北东区繁华之地，但白日水木清华地往往只我们一家仨各自据一桌，面对书稿或电脑干着傻事，夜晚，它仿若聊斋大墓一样的是一间灯火人声鼎沸的夜店。

心思上，倒是处闲旷的，或该说，努力让自己处于闲旷（尽管努力、闲旷，这似乎是个悖论）。

关于衲衣，有时我真希望全世界能约好了人人都穿冬夏二季制服，如此我才不致显得过于失礼怪异。多年来，我老是对皮毛打扮之事意兴阑珊，不照镜、不梳妆、不接受不熟悉的体重和体态，只要碰到一件可天天穿天天洗还隔夜就干的衣服，就天天穿它，因此数年前发现，Uniqlo 有一款短袖黑衬衫完全符合此要件，便一口气买了六件并向家人开心宣称，这足可以伴我到八十岁并此生再不需花一秒钟再选购衣服了。

只不幸我每天不知该如何面对咖啡馆的工作人员，我太想在胸口别一字条："我有洗澡、我有更衣"，我猜想，要是有一天我穿了不同的衣服进店，会有一名工作人员当场掏出一张钞票给另一人，只因打赌我这辈子只此一件衣服的人赌输了。

有很多原因让我过如此的生活，好比 Uniqlo 的黑衬衫最低折扣时一件四百九十台币，足可以让我买十一罐老猫肉泥罐有找，让几只胃口不佳或因口炎拔了牙的猫食欲大开；一件冬季外套可供二只母街猫绝育；一个梦幻包包可资助一个爱妈救援一只重病街猫的医疗费……

我的世界里的价值/价格已成了这样。

不知不觉，我已当它成一种修行、一种淬砺自身的方式，佛教信仰中的六度万行的修行：布施、持戒、忍辱、精进、禅定、智慧，其中唯独忍辱我简直半点都做不到，出于无知或恶意的误解我倒是不在意，我不解更惊怒的是那曾经熟悉的友人的粗暴凌辱，例如三年前一位老友对我泼秽，心性喜好高洁的我，至今无法不嗅到其臭。

我甚至与人人争相讨好的年轻世代"决裂"，只因不愿像我同代之人按捺自我地只肯当啦啦队，或开口闭口“保护年轻人”“不要打压年轻人”……一心争取被年轻世代认为“他是我们的人”，我以为世代相处最健康有益的应该是坦诚，坦诚地说出自身的所见（走在前头的我们看到荒原断崖噤声不语吗？）、所感、所思、所惑，才是良好的沟通开始不是？而非一味讨好鼓励、报喜不报忧，那我们岂不痴长白活了这数十年？

虚张声势只能引来虚张声势，仇恨只能引来仇恨，坦诚（包括一己的优点或缺失）才能带来彼此的坦诚。

但我见过同代之人戴锦华远胜于我的天真和坦诚，在北大任教的她在一场演讲中对年轻学生们坦承，彼此有鸿沟也似的代沟，她不讨好不告饶地坦言：“因此我选择留在属于我自己的年代，我不担心自己成了任何意义上的‘九斤老太’，因为我选择的位置是边缘对中心，梦想对现实，反叛对秩序，‘幼稚’对成熟……”

她说得可真好不是？

——写在我弟弟临临离世十天，原以为它会伴我到七十六岁。

二〇一八年十二月十一日

# 我们姐妹仨

二〇一七年三月母亲过世，我们不很愿意面对现实地费时一年多才办完所有事，才发现母亲的账户还有一项近六位数的存款，于是我擅自决定，以此款项作为我们姐妹仨去京都看葵祭的旅费，相信喜欢家人同聚吃吃玩玩游荡的母亲会喜欢这样的处理。

像很多人一样，相差各两岁的姐妹仨，多年来各自忙着恋爱、结婚或不结婚，中年更忙，以至于转眼就错过了二三十年的相处相伴，所以，刻意并顺利地订到京都的“我们家”——一家整栋西式的商务旅馆，只例外两间的和式房中的大间——这房，多年来住过我和唐诺海盟、住过我妈和天衣女儿符容，榻榻米上日常的欢聚场景，历历在目。

大约十三叠大的房间，旅馆为我们铺好了三个卧铺，我们围桌坐下喝茶、吃第一时间赶高岛屋超市打烊前捞到的枇杷和草莓，三人大呼：“好幸福！”也才拼凑记忆，上一次三人如此共居一室，可能是中学前随父母出游吧。

此行，金牛座的天衣负责管账记账，处女座的天文没人要她负责但她自动负责整理行李衣物收拾房间，我呢，凭窗看看街景，忆忆前此在这窗口想心事的三十、四十、五十岁时的自己，谁叫我是浪漫多感的双鱼座呢。

我向姐妹指出，当时母亲睡那里、十岁的符容睡这里，吃什么、聊什么、吵什么（牌技一流的符容小朋友每赢了婆婆、而婆婆不肯认输等等）……也才叹服当年的自己好有勇气，带着七十岁的母亲、高中生海盟，和根本小孩子的符容，三位兴趣体力个性食癖殊异的老小同游。

临睡，各据一角的天文、天衣拍拍枕头、羽绒被大呼："怎么可能那么幸福、怎么可能就这样睡了！"

她们并没夸张半分，说的全是肺腑之言，因为天文睡前得一一喂妥屋内十二只猫，几只老猫的食物不同（肾衰、泌尿、便秘），其中肾衰的那位还得打皮下点滴，喂食钾宝、倍补血和中药肾兴胶囊，隔周定期打补血针，而挨针的猫，通常不会乖乖就范，常时躲院子躲阳台躲门前车底，护理师性格的天文没做完每日的这些例行医疗是不可能入睡的，这一僵持，往往就凌晨三四点了。

天衣也有七只收入屋内的浪猫，虽较年轻无恙，但终归多猫家庭总生得出许多杂琐事来。

第一夜，我们都忍住了不打电话回去给留守的家人，探问屋内屋外的猫们都可好可如常？

## 早过了《细雪》中姐妹的年纪

五月中的京都，梅雨季的新绿对我而言胜过樱花、枫叶、雪景，是我最不愿意错过的时节，便在这样的早晨，姐妹仨，每早走在垂柳与樱花树合织成拱廊的木屋町通，前往三条交口的小川咖啡吃早餐。我总故意走在后头，拍她们的身影，天文风中摇曳的紫裙裾、天衣唐人似的硕长，不禁想起行前，侯导说该有人跟随拍下三人，像《细雪》，也像小津的电影。

我们早过了《细雪》中姐妹们的年纪，比较接近小津电影里的日常，既安稳又微波不止地忧烦所有人都会忧烦的事，而忧烦的同时，又泰然自若地走到人生这阶段并好奇着日后还会如何。

三人人生同行，天文总走在最后左顾右盼风景看不完事事看入眼，天衣腿长走前头，老是不自禁地以手一路刮墙而过，像我三岁时刚认得一岁学走路的她，腿儿弯弯刚能独立走路，老扶摸竹篱笆想尾随我。而最熟悉京都的是我，谁叫我多年来来京都已超过四十次了吧，所以老跑前跑后提醒她们看哪一家店的橱窗摆设或暖帘、哪一条巷、哪一片墙、哪一棵树，或那路旁看似寻常的绿丛曾经如何地繁花盛开，又哪一家咖啡馆曾是父亲母亲歇腿喝过咖啡的……而那时的母亲，比我们现在三人都年轻啊……

便在葵祭的那一天，姐妹早早抢好了丸太町河原町交界的十字路边花坛短垣上，因长近一公里的游行行列会在这里缓缓地大转弯，如此，正面、侧面，可看个全。

因为母亲不妆容，我们仨便也不（会）梳妆了多年，三人被上午十一点穿过无阻拦的空气的阳光给晒得一脸汗水雀斑，互望望，是时间大河中的某一刻，小学生暑假的我们在田野里疯玩相觑喘息的面容。

我们随俗地看至斋王代（游行行列的女主角、原是皇女亲自出巡），其舆车上是这季节盛开的紫藤花，呈流苏状的垂帘一般，她着十二层衣，低眉含笑。

天文立即平行队伍而去，专注看着女官、陪从，乃至神马的装饰；我但凡人一多就失了兴趣，便敷衍着随人潮前行，途中的人行道上，哪户人家的老婆婆干干净净着盛装坐在一张凳子上看游行，她有九十岁了吧，可以想见一定年年如此地从不错过，流年暗转偷换，让我再次想起那句诗："我与始皇同望海，海中仙人笑是非"，我真羡慕她已成了时间大河的岸上风景，谁在看谁都不知道呢。

（我真希望，自己与时间／大化的关系也是这般的。）

幸亏是手机的年代，三人人潮中早走散了也不着急，最终在出町大桥桥头又重会合，只见对街人群中天衣开心地高高举着一盒和果子，那是桝形市场口著名的和果子店，平日总排人龙，没想到反倒在这人人只顾赶葵祭热闹的这一天，顺利买到口味齐全的一大盒。

于是我们坐在糺之森里边分食不同口味的和果团子，边看流镝马（骑马射箭），白衣白裤疾驰闪逝于绿森光影中，人生天地之间，若白驹过隙，忽然而已。

姐妹独处的最后一个上午（因之后是大陆好友小熊领她“界面”的八个同事来京都旅游），我们去北山的府立植物园，原只想学川端《古都》里千重子在梅雨过后的逛植物园。没想到我们巧遇那五月的玫瑰园，千株各种品种颜色的玫瑰像梦境一样地盛开，让游园的人都不自禁地小声说话，都生怕惊醒了那梦似的。

我们难以拣择地这丛那丛还是白玫瑰最美不过奶油粉红更美但都不如鹅黄的好香啊……

花儿们芳华正盛，我们有幸见证。

二〇一八年七月十日

# 哪吒盟盟

三十二年前的农历新年初三清晨，比预产期提早一星期的，我终于再无法忍受每五分钟的阵痛，尽管阵痛中，倒也断续收妥了住院行李，给盆栽们一一浇了水，推醒即将做爹的那位该叫计程车了。

计程车司机怕我在他车上生孩子似的只得全速飙车，清晨加上新年台北几近空城，没骗你，我们从文山区到荣总，费时不到十分钟。

就如同昨日清晨的情景尚历历在目，车行跨越基隆河的圆山高架，但凡人从高处望远，就会兴起不日常的感受吧，我的感慨是："再经过这段路时，我的整个世界就不同了。"

三十二年后的八月二十九日，车行过同一个地点，似曾相识之感袭来，兴起完全一样的感慨，因为，次日，我的孩子海盟要动摘除女性器官（子宫卵巢输卵管阴道）和胸部切除的手术。

海盟循台湾的法令，耐心走完连续两年定期每月看不同医院两位精神科医生的流程，取得鉴定书，做过术前所需的所有检查，约妥了妇产科医生和整形外科医生，商定了手术日。

亚斯伯格星球人的盟哥，做妥了变性前后能做的所有功课包括同温层的聚会，不无些许兴奋地期待手术的这天。

盟爸爸呢，他说，无论盟变成一个大男生，或少妇或为人母，都不半点影响那段他与一个皱着眉专注看世界的大头妹妹的所有情谊和记忆。

盟妈妈我，第一次被唤出妈妈魂地难免陷入焦虑，那、那《丹麦女孩》术后清晨她苍白失血含笑而终的画面挥之不去（我知道啦我知道啦是一百年前的医疗环境和水准），谁叫不知从盟几岁起我们的关系就不似母女而是玩伴，抢同一种食物，比赛认野草野花鱼虫（好吧这项输得彻底，谁叫他脑里早就下载了那个认植物的 APP）、比记忆力（跟亚星人比这个简直找死）、比走路（目前平手）、比阅读、比手游、比每天谁写的字多、比心绪安定（当然悠游物外的水瓶他要天然胜过暗涛汹涌的双鱼我）……

他已多年少喊我妈，都唤大呆，乃至好久后才知他帮我设定的一些社群昵称 ID 就叫“大呆”。

他不能忍受被人碰触身体哪怕只是问路人或兜售小贩的戳戳他肩膀，所以他术后的六天我们没请看护帮忙，只我没日没夜地陪伴坐卧他床边的躺椅，有好友问候完他术后状况顺便关注我，我回答“就像只母猫护崽状”。因为找不到更妥适的形容。

关于跨性别，这事其实早有迹象，盟自小抱猫抱狗抱恐龙模型不抱洋娃娃、不爱裙装、不提醒就不洗脸梳头、不爱美，我狗仔一样偷拍的所有他的照片都是闪躲中的背影屁股照，只除少数的要求：“可以和长颈鹿一起合照一张吗？”“可以帮忙抱着猫家美（或蛇颈龙）照一张吗？”

他不与班上女生弄小圈圈，因此没什么朋友，唯一二带回家一起看平剧、画画的同学照眼就知是小 gay，他宣告已与此同学约好：“将来我的两个碗换你的那根把子。”

盟一直存钱，因为没啥花费（高中大学仍坚持一双鞋到底，因为“又不是蜈蚣”，坚持穿仍穿得下的“爱的世界”童装衬衫，大学时期仍穿高中的黑制服长裤因为没破没绽且好舒服……）他唯一的花费是每一两年来台公演的国家京剧院，盟总戏码勾一勾，毫不吝惜地买凡有于魁智的老生戏票看，像个纨绔子弟坐在最好的位置看得脸笑鼓鼓；还有去年专程去东京看披头士的老小孩保罗·麦卡特尼的演唱会，此二人，与《国家地理》杂志的《空中浩劫》单元塞满他的 MP4 里。

他存钱为了有一天能动那“两个碗换一个把子”的手术。这大愿在他的成长期曾断断续续提出过，我只能谨慎地扮演反方辩论了好多回，最终被他的一句话给说服：“我宁愿以一个男身死在手术台上，也不要以一个女身长命百岁。”

## 仍有不少躲在黑暗角落像盟一样的人

便开始走流程。同温层中，他算是幸运，得家人支持，也不在意社会的他人眼光（当然，此中我得感谢《镜周刊》的人物专访记者钟岳明，他在二〇一七年的专访中，忠实、平静、专业的访谈，未以猎奇的眼光和笔，让盟沦为畸人），但我在意的是仍有不少躲在黑暗角落像盟一样的人，或同志蕾丝，他们不需这社会同情，只需宽容与尊重他们的存在和尊严，会这么说，是立即想到我某些群组中的恐同厌同言论，我觉得真是够了，或许我们正巧幸运地生为人多的异性恋，因此得以安稳地活在我们建造出来的法令、传统、道德、制度，甚至信仰下，但我们别得了便宜卖乖，别倒过来指指点点嫌恶那些虽为少数但无法纳入保护伞下的LGBT，并还规定指导她/他们该过哪样的人生。

真是够了。

如今的盟哥，像刮肉还母剔骨还父的哪吒，身上还挂着两个手术后的引流管未拆，尽管未来的路还长得很，但已可凭手术证明去户政机关改身份证上的性别栏了。

慢慢来。

对于这个依医嘱使用了半年男性荷尔蒙，已长出些许胡须、满脸痘痘、公鸭嗓、汗很臭的中学男生样子的室友，我可有任何叮嘱？有啊一长串，首先，不要光只是个男生，要当一个心胸宽阔、勇敢、正直、慷慨、洒脱的男生，如××、如××、如×××（半天，我也才想出三个名字），愿上天保佑你善用天赋资质，愿你平安、健康、快乐……

多像是对一个新生儿的祝福与期许！——新生儿？可不是！

二〇一八年九月十一日

# 读猫园的那布郎

记不得是几年前了，我每天进出搭的文湖线捷运每缓缓进麟光站时，眼前的右边窗外总电影慢镜头似的出现一排老旧公寓，因那车速，我得以一眼捕获聚焦那家三层楼的店家，先是大大的店招“猫咪游乐园希望馆”“我认养，我不弃养”，而后二楼整片透明玻璃窗内猫影重重……

如此的每日一幅既熟悉又其实陌生到让我好奇极了的画面，有一天，我竟恍若看见二楼悬挂的布幅：“来看猫吧，××× 小姐”，啊，那是电影《我们跳舞吧》中，理查 · 基尔每日通勤的车窗外出现的跳舞教室：练舞的身影、忧伤凝神的女人侧脸……后来他因故不再前往练舞的日子，教室外悬挂的布条写着：“来跳舞吧，克拉克先生”。

我想太多了。

终于我提口大气，打算探一探他们（因为一个无论中途认养或照护街猫的人类背后，都有泪山泪海的故事），上网搜寻。

女主人网名那布郎，多年来专责从收容所接回一窝一窝的小奶猫，这些有的未开眼的奶猫，在没有母猫在旁的收容所，通常不需要安乐死只能活一二日，那布郎接回它们后，像人族照顾人孩一样地一只只每隔几小时得一一喂奶（想想不小心生了四胞胎的境遇吧），奶至可以断奶独立，便放二楼咖啡馆的透明玻璃橱窗区内待认养，因此三楼是猫中途照养区和猫旅馆，一楼是动物用品店。

那布郎小我整整一个世代，个性甜美生猛，既母性又小女孩（这可不是在说同为双鱼座的我），她自有大至二十龄小至刚进小学的人孩四枚，再再都需要她大量的时间、精力和爱，我简直不知她哪儿来的这源源不绝的能量、时间和感情，我不知她是如何办到的。她文如其人地生命力十足，我嗜读她的脸书（她曾得过联文新人奖首奖），不惜翻找回她的一篇篇骨灰文，不敢一口气看太多，因为感情和泪水和笑声不够支应。

终于，我借聆听一场作家兼动保友人的演讲混进店里（那布郎常定期办讲座、演唱会、手作课等等，二楼店内就算满座也只能容二十人吧，任何以商业或营利为考虑的人是不会做此傻事的），我都没专心聆听，小粉丝闯入偶像家似的频频暗中打量搜寻正躲在一角静静听讲的那布郎、吧台后备餐的孩子爹杜先生，乃至送餐的大人孩老妮，乃至大概忍到演讲结束才揉着眼上楼找妈妈哭诉撒娇的幼人孩晶晶，传说中的晶晶。

好些年了，除了动物，我已经失去对人族的好奇和感情和信心，从没想到，会在他们一家身上一丝一缕地缓缓收拾起。

那初见面的一日，我把握机会问了那布郎一句我想了好久的问题："是什么支撑你做这些的？尤其是生存希望最渺茫的小奶猫？"

那布郎毫不迟疑地回答："因为它们在等我呀。"

那布郎且邀我同往收容所，前往那最深最幽暗最不为人知的区块。

我逃走了，并暗暗告诉自己："没关系，你也做得很多了。"

二〇一六年，台北市某"议员"以曝黑幕揭弊案的姿态纠举"动保蟑螂"，直接点名读猫园每年从收容所以政府补助每只三千元的条件领养出大量奶猫，但根据记录死亡率近五成，所以必定是那种肮脏、凌乱、不负责任、假爱护动物之名行募款之实的某些真正的"动保蟑螂"。

其实照护街猫的人都知道，脆弱的小生命只要进出几次医院的医疗费用就远不止三千元，就算健康顺利成长的猫，在等到或迟等不到认养前，就不吃不拉不需照养花费吗？

那布郎立即被网民围殴霸凌，我记得她在面对媒体追访中只说了句："大家为什么不看这些没妈的小猫存活率超过五成呢？"

幸亏她的长期信用，和一直依赖她解决猫口爆炸的收容所们知情，她在该"议员"实地查访并公开道歉后，度过这一关。

从两年前起，那布郎不时地环岛徒步苦行，她背后贴着“我认养，我不弃养”“校园犬计划”布条，接续上一回走的地点，不分季节晴雨日行三十公里。

脸友们都知道她有罕见的“纤维肌痛症”（她说痛起来像浑身每一个部位都在生孩子），盛夏时走在一无遮阴的彰化云林的西海岸公路，我划完她的文和照片，又逃走了。

（我也总不乏理由，如出境开会演讲、还数篇稿债、看评审稿、抓一只好难抓的母街猫去绝育……）

终于这一次，十二月二十二到二十五日，我终能与她同行，依预定计划我们打算从花莲走至台东，日行三十公里，我敢于跟随，是因那里空气较良好，季节宜人，对我这气喘病患不致路上给人添乱。

我有幸在这对他人而言或悠闲或觉已无大愿大志的年纪，能遇到有志一同的战友，并像一名武士一样地尾随护卫她同行（唉，又想太多了）。

所以，那几天，若有开车行经玉里至台东出游的车，正巧看到路边走着的背负“我认养，我不弃养”“我支持校园犬计划”布条的踽踽身影，请放慢车速，更好按下车窗，伸个手，在太平洋的海风里，为我们竖个大拇指按赞，谢谢你。

二〇一七年十二月十九日

# 走在太平洋的风里

这一趟徒步，从花莲玉里到台东知本，平均日行三十公里，费时三天。

是这样的，带头者网名“那布郎”，背负着“我支持校园犬计划”布条环岛徒步已七次，所以这第八次，我们尾随既是插花，也是希望能壮其声势。

从来都只是客运车或火车行经这一边是中央山脉一边是海岸山脉的花东纵谷，一旦以步行，仍暗自再再感叹，以这人类直立走在大地上百万年的速度看世界，仍是最宜当的，可以感觉到那日头一寸寸地在山头在田间在人脸上的移动，叫作“光阴”。

才出玉里站，我们便依巨蟹男友人的叮咛，进了第一家上书“玉里面”的小店用餐，不忘边吃边拎拎对方的背包比轻重，我只带了一把轻伞一双袜一把牙刷一管气管扩张剂，胜出，耶。

我们沿旧铁道走，正午的太阳、清新的空气，出发时有病没病的人全部痊愈，这同时是一条通往富里的单车道，我们偶尔拦截成功呼啸而过的骑士，请他们聆听一二句我们的主张和信念，或摇一下我们的布条小旗合影打卡（多年来，我已不去评估这类别人必将称为“蜉蝣撼大树”的效益如何，因为评估了一定会掩面逃跑放弃如许多人）。

我们一行人，除了三十出头康健的志工阿凯和小葛，其实都残兵败将之属，那布郎有肌痛症，必须吃重剂量的止痛药控制，妹妹天衣高血压兼上路前夕重感冒，我是气喘病患兼最年长，一路我们既要暗中观察彼此还行吗，一面又不时夸赞对方“好厉害啊真能走”，所以只好“好厉害啊”地继续走下去。

一路南行，可以看出沿路的村镇和路旁三五人家聚落都曾试图加入观光业，小自摆个摊卖自产自销、无农药基改的农产和加工品，大至废弃的旧站活化为三五复合式商店，卖自种自焙的咖啡、台湾少数民族手工文创……我们不敢让行囊增重，忍着不买那些瓶瓶罐罐的异族风味，只得努力地喝咖啡吃当地水果。

日落时风起，边喝滚烫新鲜煎焙的咖啡，边面着那拔地而起的新褶曲山，心中再次慨叹日日生长在这大山大水里的人，一定一定有不一样的人格特质吧？上一次如此的感叹，大概是在新西兰南岛的皇后镇时吧。

这一段的玉富公路，半天之内我们反复遇见一骑单车但未值勤的便服年轻警察，他刚从台南调来，正自行想法摸清这广袤的管区，他频频关心这一行行止诉求怪异的老弱妇孺队伍，我们反向向他大力推销我们的诉求，并希望他能开始推动每个派出所认养一两只浪犬，如此一可使派出所显得亲民些，二可消化不少无配套的零安乐死政策而导致的岛内收容所大爆满的狗口。

这主张荒唐吗？次日午后我们行经瑞丰派出所借洗手间，便见办公室里和后院各一只体态健美的中型犬，所长向我们介绍，白的叫“多多”，黑的叫“鼓励”，是台北的某动保志工从收容所领出寄养在这儿的，志工定期寄来口粮，并不时来探视，在瑞丰一带工作了三十年的所长，偌大的办公室只他一人镇守，无疑地，两只狗儿是他最好的伙伴。

我们摸黑入住订好的民宿，没盥洗就全都昏倒。此后两天皆然，清晨五点日出前就摸黑出门，毫无机会看清我们住宿处的周遭长相。

次日，从富里走到初鹿，每人携带的计步工具不同，最宽松的告诉我们这天走了三十七公里。这一纵谷地带是花东稻米的主要产区，冬日收割休耕的田里乱长着油菜花，像是走在某部电影很美丽的场景里。

但有不美好的吗？

最害怕正中午时横渡一无遮阴动辄两三公里长的大桥，花东的几条大河都从中央山脉急窜出，切下又宽又阔的溪谷，幸亏巨蟹男友人及时Line提醒我，冬季枯水期，东北季风常会刮卷出沙尘暴，我在惊叹那奇景时不忘及时戴上口罩。

又且不常有人步行吧，联结车砂石车都不察地轰轰然而过，每值无行人步道的长桥，总得要在大车风驰电掣擦身而过时，紧紧抓扶桥栏才不致被那带起的强风给吸卷而去。

在关山，我们吃了此行最豪华的午餐，八十五元一个的关山便当，和纯果汁制成的“春一枝”冰棒，此行，全然爱上连锁便利商店小七和全家，一有厕所可上，二有热咖啡、有补充热量的饭团和巧克力，所以完全把在台北时努力在小店而不在大企业集团的连锁便利超商消费的习惯给抛个光，因为只要听领队阿凯宣布“下一个休息点是九公里后的小七”，我们直呼“耶”。

买咖啡时，总排在长长的在地居民寄取宅配的队伍后面，所以对偏乡该不该有连锁超商“入侵”的争议，我退却了。

进入台东县境，尤其卑南乡，夹道至山脚下全是果园，释迦、香蕉、凤梨、火龙果、柠檬，我一直追问同行人这空气香吗？因为气喘和过敏性鼻炎已失嗅十年的我，多想知道那空气是什么味道啊，应该可调制成一款独一无二的香水吧，如爱马仕的“尼罗河花园”“空中花园”。

一路行来，不免观察到诸多猫咪狗狗的状态，台湾少数民族对友伴动物皆友善，但有人家的狗狗皆拴在门口当看门工具，有的人家会想办法将拴绳放长，让狗狗起码可在院子里活动自如，也有拴绳短到明显难以坐下更遑论趴睡的状态，如此小的方寸之地好几坨狗屎、水盆翻覆，可归入“动保法”中的不当饲养。对此，我感情很矛盾的，几个月前，才和“动平会”推过反链养囚禁，但深怕真正执行开罚饲主的后果是，弃养。

只能心神灰灰地走过。但那一幅幅亮着眼睛对我们吠叫、鲜少真正凶狠、甚至只是讨摸摸的神态，让我难过极了。

第二夜在初鹿某小市街的民宿，黑夜之后行经的主街无人烟、荒村野地似的如同曾经爱游荡的那些年所经过的一些日本偏乡小村，剩下的老人们早熄灯睡了，我们只得蹑手蹑脚走过，误闯入别人的梦里似的。

当夜起了大风，门窗响得再累也无眠，我是后来才知我无法入睡的这两夜并非反常的认床，而是沿路胡乱摘吃了太多当路树的咖啡果，那红亮宝石一样的果实好吸引人啊，我边走边采食，精神因此亢奋到像当初引起阿拉伯人注意的那吃了咖啡豆的羊群。

那场冻冷的大风里，我们踏上一段奇怪全无路灯的路段，路树遮天，连看夜空的星图都不可能，饥寒交迫下，难免要思省起此趟徒步苦行的意义。才第二天，经验丰富的带头者那布郎已脚底起水泡，因此我永远想办法走在她前头，缺乏袍泽情谊地不敢看她全凭意志撑持的身影，同行其他人，铁腿的铁腿，疲惫的疲惫，再再地受着肉身的拉扯。

那肉身与意志的拉扯，何其真实，真实过第一天行经的秀姑峦溪大桥、桥上有碑为证“菲律宾板块与欧亚板块交界处”，向下俯望，只是枯水期平坦宽广宁静的灰黄色河床。

在这我好想退休、他人也希望你赶紧退休的年纪，我很高兴，世上还有此可以日复一日打磨自己心智的事。

在行过那夜暗无路灯的路段，晨光从左手边的山际明亮起，我们眼前是缓缓的下坡路，路两旁是广袤无止境的果园，清凉的晨风吹起，我擅自认为那是从太平洋吹来的风。

二〇一八年一月十六日

# 那城的老人

两年多前，接此专栏的第一天，我就为自己自定了潜主题“那猫那人那城”，相信将来出书的书名即此。

即便如此，我在每次下笔前，仍不时深深陷入在“该写的”和“想写的”两难犹豫中。

这篇我要写的是“该写的”和“想写的”，且是早该写的和早想写的。

老人问题有诸多面向可谈，也可放在无论历史的、生物学的、医学的、社会学的……脉络来谈，实不劳我多言。

## 最难被洗脑的一代人

我想谈谈人云亦云、习焉不察的“洗脑”话题，我以为它是造成世代对立甚至无意愿对话的鸿沟。

都说老人们是被洗脑的一代，近年，尤以越被激化的选举动员时为烈，我不时在网络上看到年轻世代称家中长辈为“被洗脑的”，讨论着要在选举当日如何安排他们离开投票地去远游、进香、健检等等，以防他们投下那与自己敌对、被指使、被洗脑的那一票票。

我恰恰以为此时此际的老人们，是最难被洗脑的一代人，怎么说呢？

让我简单描述一下，他们生于战争中或后，对战争有记忆或常有耳闻，他们正逢国家因战乱而带来的贫穷，国家之于他们，既不神圣，也不伟大。他们目睹经历过几乎唯一的集权政党（因当时还有二三个小政党）干过的好事（世称的“经济奇迹”），和坏事（以戒严法阻挡压抑民间力量对参政的要求，和更后来的与黑金结合、倒行逆施），他们也看过反对运动最好的时光（付出自身的自由、青春，甚至生命换取而来的民主启蒙运动），也目睹他们掌权后的未能免于权力的诱惑的贪腐和反民主的集中权力作为……任何政党或想掌权的人再想以任何堂皇的口号主张来诓骗或“洗脑”他们，并没那么容易。

不同地，动辄指谪他人被洗脑的世代，我一直好奇他们如何可以说到做到轻易超越蓝绿，我以为，除了极少数（例如我的友人《痛苦编年》的作者王俊雄），大多是“不知蓝绿”，不知蓝曾经做过的好事和坏事，也同样不知绿的过往。（我记得“太阳花”还静坐在青岛东路街头的后期，林义雄入场静坐声援，所有媒体镁光灯堵麦之际，网上讨论区有静坐的学生立即开骂："是哪里来的老头这样抢风头割稻尾?!")

对于虚空之物,要"超越"是半点不难,但那是毫无力道、价值的超越不是吗?真正的超越是得立基在知识脉络、自我反思辩证上的，那样的"超越"才是别有洞见、于人于己有意义的。

缺了知识、价值、信念的"超越"之后，必将是一片空茫大地，此时若恰有富决心野心的欲攫取权力的人出现，将轻易被简单的口号给带着走，因为不具足的知识难以判别其人的口号或主张、真伪和可行性。

(应列为老人之属的我，或许有人会说这些陈辞并没有正当性，只是在自我辩护罢了。)

## 不知者不完全无罪

那就说说这城的老人常被指谪的另一个罪名"占尽资源"吧。这我倒是同意的，事实上，不止这城这岛，二战后的这地球的婴儿潮之人，无论穷国富国，大半世纪来都毫无节制或缺乏"资源终将耗尽"的意识,擅用地球的资源,不知能源、森林、河流、空气……是有用尽之日的，更不用说这过程中因为这些的被使用和减少甚至消失，带给未来后代子孙多大的灾难。

一代人的经济美果是立基在如此的掠夺浩劫上，尽管很长一段时间，他们并不具备这后果和下场即将来临的知识。

不知者不完全无罪，这理当是在我们的余年，应该好好努力弥补的。

当然我知道一代老人们被指谪的“占尽资源”并非指我上述所说，而仅仅只是小鼻子小眼地在指谪社会上公私领域架构下，不肯退休、不肯让位，或退休了让位了领退休金的老人们。(例如作为自由撰稿人的我,也曾被后辈指为占位子、把持等等，为此，我刻意十年来不在主流媒体投稿发表，只每隔三五年在寻常的台湾出版社出书，对一年要出上数百本的出版社，我应当也没挡了其他谁的出版之路才是。)

我更想说，要指谪应该对准那些尸位素餐、无法把饼做大的统治者而非彼此，又或，其实我们应该认清并省思这地球打开始就从没准备养那么多的人类吧。

二〇一九年九月十日

# 岁末怀人 I

或该说，怀想那些不在的、早已远去的。

是不得不叫人感怀的一年，年初，友人童子贤和他的目宿媒体公司游说我们成功，我们接受了岛屿写作系列的《文学朱家》的纪录片拍摄。

年中开拍，侯导监制，林静忆制片，姚宏易摄影。

我们照常作息，只加快速度并积极地整理离去二十年的父亲和二〇一七年春离开的母亲的旧物。

十月下旬，剧组随我们姐妹仨赴南京、苏北宿迁和北京一趟。

南京是父亲随他六姐我们六姑离开老家之后的成长和赴台前之地，北京是出版机构理想国首发父亲的《铁浆》《旱魃》，因此我们得为已不在的作者受访和参加“新书”首发活动，并为纪录片访谈老友阿城、莫言和章诒和。

至于宿迁老家呢？我们所有的朱姓亲族都在那里，父亲是家中么子，我们辈分也随着水涨船高，得泰然自若接受家庭和事业都有成的后辈们开口闭口“俺姑”“俺姑奶”，乃至喊我们“俺姑奶”的他们的可爱孩子，简直不知该如何喊我们了。

堂哥们仅存二哥庆明，他年过八十，耳聪目明，背杆挺直，目光清澈，还有家传的朱家好记忆力，一一为我们述说当年事，世故通透又正直，令我们看了频频私下相互安慰鼓励：“如果老是这样，我们也敢老。”

庆明哥见我们前刚住院一星期出来，是季节变化时的气喘痼疾急发，我听了不免暗惊，因行前我也曾深夜被急送医，血氧掉至67，失去意识，急诊医护正准备插管时，我正巧醒来并回稳。

这我也才知道我爷爷当年是田里淋了雨回家气喘急发、待奶奶奔镇上请了大夫来，他已倒床上走了。我二伯父亦气喘走，加上庆明哥，这我才找到了我中年之后罹患气喘的那组基因，原先一直以为，只有一脸雀斑和管不住的动不动脸红是朱家的印记。

在宿迁的一星期，我们既悠闲又仿佛补做功课似的循父亲幼时的足迹走，例如他自小随爷爷做礼拜的小教堂并还参与了一场礼拜（上一次礼拜，应该是父亲走的那年夏天，我和海盟在欧洲晃荡一个月，曾在威尼斯的圣马可教堂站着做了场礼拜），我们找寻父亲幼时放羊玩耍的棉花田，也是父亲返乡探亲后修葺祖坟之地，如今是宿迁的最热闹繁华的楚街……便也有一日，宿迁市市政府的官员（之前曾特来台湾联系我们，表达想建父亲纪念馆一事），带我们前往他们预定建纪念馆的两处地点由我们挑选，其中在老黄河畔的黄花槐片区，面河塘也似的黄河（干涸时便引上游骆马湖湖水以便保持其生态），其上浮着残荷和比人高的芦苇，夹岸是杨柳和北地常见高耸的白杨树，河岸整顿过又不失野趣，十月下旬的阳光天气，只觉很像父亲哪部作品中的场景，我们姐妹仨人群中互望一眼点头微笑，知道都喜欢这里。

那真是好奇特的场景啊，迟来的二十年为父亲挑选长眠之地似的，没有悲伤，没有不舍得，只有满满的快乐和安慰，如同幼时好天气里，风华正盛的父母带我们出游踏青。

是这样的，父亲过世后我们不舍得，因此违背他遗言交代的第一项：将他安葬于五指山军人公墓（父亲曾为他老友扫墓，慨叹生时有阶级，死了亦依然有阶级，将军的墓宽阔、校级以下鸽子笼也似，所以，父亲并不喜欢那里，只想帮我们省花费吧）。因此，我们将父亲骨灰坛置于他和母亲的床头十九年，未设牌位，未插鲜花，甚至常有猫蹲卧其上我们也不驱赶，就如同父亲天冷写稿时，总有这只那只猫卧睡他腿上。

直到二〇一七年春母亲病逝，我们才将他们合葬于阳明山的花葬山坡，至今快两年，我们只一共前往过两次，都是陪没见到母亲最后一面的友人们。

每次去，也就带上从家里院子那两株老桂花剪下的连枝带叶……因为，也不觉得他们在那里。

因此我们诚实告知宿迁市政府主其事者，父亲所有的相关文物手稿，早已全数捐给台南的文学馆，眼下并没有任何真实的原件文物可提供给日后的纪念馆。

都说，再想想吧。

接下去的几日，老小亲族们都不约而同提到他们各自珍藏的那些信件，无论是堂哥或后辈。一九八八年解严通邮后，父亲正第五度重新开笔他的最后长篇《华太平家传》，他自小离家，为确认记忆中的细节，密切与务农的堂哥们求教田中事，如作物的时令、生养、收成……有那成长中对外头世界求知若渴的小辈，父亲也一一细说并劝勉、鼓励他们愿意求学的他一定负责学费到底……

如此，加起来超过数十万言的一封封家书，真十足是一则历史长河一粟和家族史、生命史的缩影和呈现啊。这，将来会是纪念馆的收藏和展出的主体吗？

岁末，接获彼岸北京《新京报》通知，父亲的《旱魃》获他们的年度十大好书，是不分项目中的唯一一本华文文学创作。

我想起莫言说过的“我庆幸现在才看到《旱魃》，否则我将失去写作《红高粱》的勇气”。

十月杪，在那窗外是秋阳和金色银杏的北师大里的莫言工作室访谈中，莫言正经说了一番后，突然面色松下来，失笑对我和天文说：“咱们仨的小说写得都不如朱西甯先生啊。”

于是我知道了，父亲早不在床头的骨灰坛里，不在阳明山第一公墓的花葬山坡，也不会在宿迁的纪念馆……他早就、也一直在那儿——在他那一本本的小说中了。

二〇一九年一月七日

# 岁末怀人Ⅱ——叶力森

一年半前我接此专栏时，负责我的编辑文佩问我大约的专栏主题，我答："那猫那人那城"。

这一篇，我再加入一个元素：那时。

那应是四十多年前时，城南的辛亥隧道开通，我们搬离人、猫、狗已经住不下的内湖眷村，迁居到辛亥隧道南口山坡的普通二楼连栋的新家，看中的是后院门一打开就是荒山、寻常的一些相思林和杂树林的台北盆地浅山区样貌，对我们家近二十只狗狗来说，却是乐园一座。白天，它们在山里游荡，晚饭时我妈敲敲锅，它们立即返家，夜晚，天冷睡沙发，天热便客厅倒睡一地。

当时的台北，浪犬遍地（也才会有我们家的始终十几只吧），不少城内人开车将老狗病狗或不再可爱像绒毛玩具的大狗……全都丢在隧道口外再扬长回城。

那被丢下的狗狗们，害怕又长又车声回荡似雷声的隧道不敢逐风狂追，遂当场成了流浪丧家之犬。

丧家犬的样态是非常叫人不忍的，它不吃不喝，夹着尾，悲伤的眼眸，痴等在它被弃处，凝神屏息听与它曾经主人的同款引擎声……

于是我们家暴增到二十多只狗狗。

吃喝不是问题，我妈总有办法喂饱它们，家里始终有两个十五人份的大同电锅备着，一给人一给狗，有那月底没饭钱的父亲学生错过用餐时间进门，我妈总问："还有狗饭要不要吃？"实是一模一样的米下锅，只让不知情的人听了暗惊。

吃喝不是问题，但后山陆续被铲平开发后，空间大成问题。

便在那时，八〇年代初，有几名台大兽医系的学生寻上门来，表示他们能否寄养一只因故半瘫的德国狼犬在我们家，因它主人打算放弃并安乐死，但正在实习并医治它的他们几个不忍心放弃。

习惯帮忙学生的我父母亲立即答应，只我冷冷地心底怪怨他们，难道没见我们窄迫的家屋已挤爆二十多只狗吗，还来添乱！

德国狼犬灵性极高（我可以跳过三十多年后仍让我眼热的回忆吗？），我很快明白他们为何不舍得放弃它，便一起为它取名"站站"，期待有一日它能重新站起来。

我们为站站做了一个阳春担架，每天像抬酋长似的抬进抬出让它晒太阳，让它看看其他狗狗们的奔逐追戏以激发它求生意志。

学生们共三四人，果如他们一开始承诺的，天天来诊治复健，其中始终表情酷酷不言笑的叫叶力森，其他几人我其实也记得名字，只后来些年再没见过。

如此大半年，他们说在院内找到了可让站站住院的地方，便接站站回去。

站站回去后的某清晨，被发现曾挣扎起身倒卧在几步路远的水沟，口鼻在沟水中窒息而去。

但我们的情谊并没因站站的离去戛然而止。

那时的台大动物医院，仍在舟山路，在舟山路少有车行的年代，我妈每每带这只那只狗去看病，而回程等上半天等不到半辆计程车时，总有叶力森隔窗见了趁个看诊的空当，匆匆开车前来送人狗回家；施打疫苗或植晶片时，叶力森知道对家里十多只狗的我们是件大工程，便只身前来一次搞定。

乃至有一只橘红毛的流浪母狗流浪到我们山坡，我妈稳定喂食它打算熟了可送去医治并绝育，它有非常严重的菜花性病，可能因此人见人赶人打，它近乎精神失常地日夜狂吠无法安定下来接受人的照料，它追逐每一个路人和车，连累了周遭驯良的其他浪犬。

我妈在邻人频频投诉清洁队来捕捉之际，与叶力森严肃讨论并现场评估它身心的病况后，决定结束它的病痛折磨。

次日，叶力森带了麻醉吹箭来，一上午耐心徘徊周旋于不近人的红毛，任务达成。

期间，叶力森和妻子玛琍曾赴加州大学做访问学者和做研究，归台前，我父亲曾接到他来信，说他研究告一阶段，曾考虑继续留下研究甚至定居执业，但只要一想起自己的社会的动物处境仍如此糟糕，便仍选择返台。

回台后的叶力森，立即投入教学、行医和动物福利的教育宣导至今。

尽管他如此忙碌，并没少帮我们，我妈总在最感困难无解时寻他帮忙。世纪初，家后的山坡正式盖满十五层的社区大楼，建筑工人们离开后便将帮他们守工地、吃便当厨余的狗狗丢下，家中霎时又超过二十只流浪狗。一日，家门口有人放了一纸箱可爱极了的黑白小狗，我们无力再收，便向玛琍求援。

玛琍立即来接手，也同时说明清楚，她会把它们带在身边，若半年期限到了没认养出去，会让它们“长眠”，但务必会让它们在世的每一天一定是快乐无虑的。

我没有再问过那四只小狗的下落，但玛琍那坚定理性清明但温暖地母的神态和言说，让我记忆深刻极了。

力森和玛琍见我们屋内屋外猫狗愈顾愈多，也帮忙我们介绍并调理了所需的动物医院，例如第一线野战医院也似的家医，对在照护收容流浪动物者收费低廉、省时省钱，重大疾病伤残则送到某某医院……

二〇〇七年，力森接任台大临床动物医学研究所的首任所长。

二〇一三年夏，我们家最后一只老狗在历经两次切除口腔肿瘤后又复发严重时，力森接受我妈的求援，我记得，他穿着白袍，匆匆趁手术空当搭计程车前来，帮忙做了安乐。力森临上车前，第一次泄露感情地说："啊，从此朱妈妈家没有狗狗了。"

我需要谈他在公共领域的更多更大的持续贡献吗？他的不放过大小事地为动物发声并对学生和社会的教育宣导……

尽管我与他对流浪动物的观点和实践不尽相同，但总远远地看着他的从没松手过对动物的关注和实践。

前年春我妈病逝，我们赶她最爱的弟弟、我们的小舅刘家正神父得回澳门前，匆匆在她做礼拜从不缺席的教堂办了告别式。并没通知任何人的，我在教堂的长列致意人群中见到他和玛琍，多年不见的我们都已灰白了头，但拥抱的当下，是当年那少年友人啊。

日前，力森来访，赠以重物，我们终于可以在冬阳的午后悠闲聊聊各自除动保之外的其他兴趣和关切之物事，那，才是完整的我们不是？

执子之手，与子偕老，死生契阔，与子成说……真心以为《诗经》的这句子不是描述爱情，而说的是战友、是袍泽。

二〇一九年二月十二日

# 跋　猫时计——书写、猫族、劳作、生活及其他

杨君宁

想起那些莲青黛紫的罩衫
伪吊瓶灯架明明不是枝形
为什么圆鼓鼓橙果一般两兄弟
都吹凋作寒流中的风落子
还有那未曾谋面仅只听过名字的失踪
膝上安睡过一晚的静暖
其后女生们的霜泪毛毛絮絮成敛羽之鹤绒
衣箱中金线下有猫伴从的隐秘飞行
次年春冰就要有一星星微咸
谁的舌面上密生出软棱的倒刺

——二〇一五年一月六日为橘兄弟之逝预写
追亡记事，兼念小小书店店猫大黄

穿过长长的辛亥隧道，便是猫国。

某一度暂短存在过的 Line 群组，名为“辛亥麟光鼓楼西康”。组员之一评议说 :“像清末革命党！”因之恍然，这是时间化身而来的空间，难怪带出的气息不仅古旧，而且特异，仿佛来自未知的什么维度。从现实退守到虚拟之中，却无比真切。好像它早就预先潜伏在那里，专为静候那场革命涨满百年之期。一旦抵达，那道吃水线遂兴奋而悸动起来，一如手机充电充到 100%，屏面旋即漾起绿波，电光潋滟。满川风雨看潮生啊。

邻近站名“大安”并非与《佛灭》同处六曜序列里的“大安”，另有来由。犹记某次车门一开，拥上大群大安中学的学生，校服校裙一色绀青，满眼发辫素脸的元气淋漓。那青春蜂起之势，直直把见证人逼迫到只剩残酷物语的车厢一隅。再一次车门一合，却是一名手推小行李车，猫粮满载的爱心妈妈，正与一对学生情侣聊着南部猫况，闻之莞尔，端的是老怀堪慰。料想此等亲力亲为的人手传递物资，应在岛上是常见之事吧。

徜徉乎悲喜之间，文湖线（更老更好的名字是木栅线）小火车总是如此欢欢快快跑过郊道，在难得裸出一角澄净青空，宛如城市优美绝对领域的边陲之地，蜿蜒一条恬静路线。正应了那句广告语 :“整个城市都是我的游乐场”。

蓝线转棕线那长长的下行电梯，和朗豪坊的那道天梯究竟哪个更漫漫，没亲手测量过，不会知道。即将出站之时，望见窗外地面浸湿，杂色小草花们思慕微微摇曳风中，是适才落过雨吗?

这像是最寻常不过的盆地物候，台北记忆。一旦温度湿度都调适合宜，动植物就得其所哉。每一眷恋的城市之中，都隐埋得有那可瞬息打通今昔念想，不为时空拘限的九又四分之三站台。大脑里日常散落各处的缤纷碎片，此际起身暴走，一一自动拼合："风情色相，全部对焦"。

一旦踏入猫国之境，就猫来猫去，难以休止。也许故事的起点是童话般的，猫与猫人或人猫的相遇："太平之世，人猫相分；今日之世，人猫相杂。"越往后头就越苦甜难辨，不知其味：bittersweetheart。于是乎猫女啊猫女，逐渐逸离小说家朱天心的躯壳，化身为彼人笔下的野性慧黠黑虎斑（其姐可能是端丽雅静的三花），与猫通其悲喜，同生共死，"同历世间情劫"。猫女从无两次踏入同一条河流之虞，只因每回再履的总是不一般的伤心与赏心之地。日寒月暖，唯独不变的是始终寄情遥望的某心一隅河中之洲，那段连空气里都有猫毛散散飞着的流域，教人好生牵念哪。

初至猫国的访客可能会于慢行途中就不小心偷听到猫女姐姐的加急致电："妈，有人要来，赶快把家里拢一拢。"猫多物杂，总是有点赧然示人。还好那一向洒落的访客大手一挥说，不用装啦，怪麻烦的。访客被两名室友逼迫成新晋猫奴有时，全为顺应二人的嗜猫之心实则甩手掌柜之意而孤勇地抛掉洁癖，承揽打扫大任，捏起鼻子快速清掉猫砂打包封口，丢弃了事。这也往往如一切人猫人人猫猫之际，最终没有爱不爱，只有要不要接受现状。而既然被目为日子总要过下去，就这样。

人猫在一旁却只觉得这“拢”字用得甚妙，不愧是自题警世句“十年一觉 TNR，赢得小说荒废名”的猫女姐姐，此后还有令人啼笑皆非的“大姐频传黑猫书”。要说“拢”嘛：于猫，从街猫到家猫或放归之猫，在人，从旁观者到伴走者，这逐一“收拢”的过程，可有的是故事好讲。有些甚至不曾同时间竞逐，与永恒拔河，正堪细说从头。

是二〇〇八年二月吧，《巫言》书成未久。人猫案头拆弹，最早接触到那秘密传单小型张的“台湾认养地图”宣传页上，猫女姐姐以黑色原子笔一画一刻郑重写下的“苏圣杰”，就是不慎被其侣人叶子 /Leaf 拐带成摄猫者、护猫者竟至酗猫者的其中一位，自此隐其本名，而以特工代号般的“KT”行世。

彼时，这个组织已经悄然建立七年了。素手浣花，最初的网站都是由他们自己写代码，一手一脚架设起来。天地创始，没什么现成的框架可供套用。叶子偶然收养了附近婆婆喂的猫（不得不说天下婆婆一般苦心，却也一样令人遗憾难劝地坚拒抓扎），回神过来手头已有十只之多，再增多的猫口就开设了猫基地。自景美五楼到新店二楼再到如今的花莲，十九年猫尾一甩间，地点与猫和人一同流徙，顶峰数字是四十三只，如今是三十七减一后的三十六只。

二人同心，其力断筋——猫砂好重，猫也好重哪。近两年来决心从台北移居花莲这一遭，他俩不辞冰雪为猫热地搬人搬猫搬屋，二十四小时内两辆车拼去又拼回。临行一周前，叶子做好最后的贴便条纸默记抓猫顺序外加要放哪辆车的工作。之前他俩则避猫耳目地预先在另外的房间煮硬提笼，三十七只猫，三十七个提笼，每一提笼配备一铺一盖两块浴巾，用心良苦，不容有失。KT 提早推演了大致的行车路线及暂停休息点。此前此后，又已有和将有叶子的两册猫书问世，猫中途达人的实践报告，手到心到。若非听到两位猫人少有地献声，在近期小一哥林清盛的《阿猫阿狗逛大街》电台节目中分两次详尽自陈其事，很难想象个中艰辛。

到现在每每看到叶子脸书贴出的三花猫女儿小六和 KT 父女照，那一式，不，一猫一样的黑眼圈，都切切证明了这两位真的是亲生的："一生人只一个血脉跳得这样近"，没有物种阻隔，亦无有亲缘悖逆，人猫一家，已臻至境。

台北花莲，两地踯躅；神喵侠侣，救济江湖。远近猫友，最低程度至少都向他们借用过抓猫的诱捕笼吧。据说那捉猫重器，被 KT 妙思巧手，装上了可远程遥控的笼门起落机关。

二〇一五年冬，猫人译者 D 小姐为免楼下喂了两三年的硕美街猫 AW 遭某位好邻居荼毒，遂下决心将之收进家内。

该奇男子不关阳台门休息，以至于贼人闯入。他将之推赖给猫，诬言 AW 到屋内抓坏了他的袜子还是被子的。其人狞恶放话，要是饲喂她的 D 小姐再不想法解决，就要下黑手毒死她。此时重述这节，仍感胸口奔涌着一股呼召道上兄弟来给此獠点 color see see 的冲动。

辛苦 D 小姐在二月初的寒风里埋伏了三四天，因那灵巧的 AW 前头有几次吃掉了饵食，却原路退出笼子严重拒捕。“无法投递，退回原处”。显然跟托尔金大部头缠斗良久的 D 小姐是有练过的，举重若轻将魔戒拗作所罗门王的指环，终竟耐心守得狡猫入笼。大落袋。KT 叶子的诱捕笼于焉再建奇功。至于 AW 怎么变成眼下安稳酣睡在电暖毯上的入室猫，那背后自有一部精彩的侍悍记——翻译之与收猫相似处，恐是两者都旨在“化生为熟”——D 小姐点点滴滴都在几年内的脸书上写下啦。

“应是有情无着处，春风蛱蝶忆儿猫。”昔年短暂借居兼助手 D 小姐顾猫，人猫每个傍晚下楼去给街猫邻里们放饭时，总能看到 AW 如歌姬出现在意大利阳台上现身对面二楼雨棚顶，端坐彼地开始她的咏叹调，不是喵喵，而是嗷呜嗷呜，遂与之对答一番，而后笑笑乎离去。如今 AW 是给夺归永巷闭良家，乐享其无忧猫生了。当然 D 小姐亦因之全能住宅大改造，延请师傅到家来加装了阳台护栏。

以宜家灯架代替输液架，自己为家中老肾猫最终一段喵生护送至尾站，也是叶子首创之法。如此一来，免了猫女姐妹俩傍晚轻声商量要带猫去左近的医院打皮下，猫早已察觉情势有异，匿躲不出的愁烦；免了要用大毯子盖住外出笼为其收惊的宛转；也免了叫出租车时担心运将是否乐意搭载猫的辗转。真的是救猫先救人，完美解决了攀桌踏凳换屋顶灯泡，灯泡不转人要转的问题。

某个阴湿的台北雨日，曾随猫女同访 Leaf 和 KT 的新店猫中途之家，照眼霎时雪亮，应记否那纤尘不染的屋内，猫甜皿净。三猫一团、五猫一簇，分据几爿电热毯上安然孵眠。此屋之内，莫非猫土；率毯之滨，莫非猫身。这整幅乐不思鼠的猫生图景，底下掩藏了多少洒扫与照料功夫，真个很难以人工计算。各型各色猫人妙思之下产生的猫用具，如巧致的木质金属框碗架，瓦楞纸粘就的摇摇盆，都赫然在列。更是少不得叶子亲手设计制成的猫桌历、液体家事皂、润唇膏，那神效不可测度的太乙膏。叶子妈妈助力做的猫图案环保袋，至今的布口罩，万花缭乱，不一而足。

这是每个猫基地都几乎会有的猫产品，取之于猫，用之于猫，以自我赈济，兼互为奥援。哪个猫人家里不曾积攒并应用着一大些此类猫物，既非时下的“文创产品”，亦非大夯的“猫咪经济”，若要比拟，恐怕只有自耕农辛苦手植的白菜萝卜了。此乃无法之法，只因猫基地的撑持者泰半面薄，即使确实弹尽粮绝，也不好贸然直接“向悲惨世界乞钱”，以免再雪上加霜，背上假借动物敛财的恶名。

世间怪奇与荒谬的事件所在多有，落力做事者要无端遭受根本不想查清真相的庸众之质疑折辱。例如《那猫那人那城》此书中所写到的读猫园坐镇者那布郎，明明是N进N出收容所，守备范围甚广，近涉内湖、五股，远至宜兰，从最为酷异不堪之境中抢救奶猫一一人手抚养长大的猛士，竟然也曾经被诬蔑为“动保蟑螂”。

人猫悄悄在心里向读猫园下订单，好想看她何时写一本《完全饲育——人力助养奶猫手册》，传授那繁丰的泪与笑经验啊。而但凡稍有记忆之人，想必无法忘掉那位被迫饮恨自绝的年轻女兽医。

反而是真正的骗子从中得手，挟犬猫以惑义人，像一株邪恶根苗从反面生长，戳刺出事实的肌理终至洞穿，教人不免想到《围城》中那从风干腊肉上冒头窜出的肉芽，实在是憎恶极了。

就算迫不得已，总要有个适当的名目吧。这也就才有各家猫基地殚精竭虑开发自己的猫物生产线，品类大同小异，偶有惊喜。有了物便好开展义卖活动，那是凭持是信物是记认，是笔记小说里的牵愁惹恨线索。以物易物，两下清爽，买卖双方隔着或不隔着屏幕，齐齐泛起泪雾里的微笑。如果有天大扫除，从屋角找到N本猫日历和若干猫产品，好比说平素不开伙者的一套六只猫图案酱油皿，那也丝毫不以为怪。

可能不会有人细较其中的分别，会觉得到底都是货品。然而那消费消闲式对可爱动物形象的征用，与不得已倚门卖笑以兴灭继绝的应急，终竟大有不同。眼见有心仪的牌子或特辟了专门的“猫部”，或推出猫与猫头鹰组合的图案都有些令人不安。君不见，多少猫咖成为猫间地狱，何况是应激反应更为剧烈的禽鸟——“受惊脱羽”。免用皮草，不吃鱼翅，谢绝动物表演……在猫人们疾奔如神行太保，水里来火里去，几乎将一切能做的做完之后，冷不防又冒出新的挑战选项来。

该说这是从伴侣动物向经济动物的转型？到底很难笑吧。曾几何时，泛化的政治正确润物无声地渗入日常生活，制造出一种普世的平庸。好像人人面前都有一张包含若干选项的列表，只需从中择取一或多项，在相应的方格里打上完美对勾，就可轻松完成身为公民的社会参与，宛如今年二十明年十八地投身到考藤校必备的课外实践中去。这是伪中产的仁爱之心吗？在不公平不正义的基底上呼求公平正义，面有得色在自我的宇宙中心呼唤爱？

是要一颗有心房心室，有血液汩汩流过的血肉之心，而不是要状如“蜂蜜胡椒饼干”之心，这是生而为人，为免抱歉的基本抉择。无怪乎一线拼死拼活的犬猫和其他小动物救助工作者们，都将“爱心人士”视为一句粗口，无比克己地抑压住中指大竖的异动感，恨不能以“全家是我家，但更是你家，你全家都有爱心”的无厘头句子奋起反驳。

哼哼，猫人们本来不善良，不热心，不滥情，不妇人之仁，更不率兽食人，然则当此危急存亡之际，为了守护宝珠化身恶龙又如何？向来养心如饲虎，总得寻坚牢的大笼子方好为之。眼睛撒洋葱粉，心灵坐老虎凳的处境，才是每个猫人堪堪与不堪忍度的日常。

真正在一线胼手胝足之人，总是无暇自我肯定、表扬和感动的，哪里来这种从容伸脚、白眼傲人的悠闲得意，不免令人费解。世人一再标举的正面价值，或许永远与人性的弱点相悖逆，以致成了无限接近却愚不可及的目标，高高挂起但不得轻轻放下，例如公平正义、反各类歧视、反战……种种种种，沦为一句“正确的废话”。相较于勠力为之者的动辄得咎，什么也不动一指头无疑最为稳妥安全。

初闻“环保手电”时，人猫费劲好久才吞下涌到喉咙口的反诘：有没不环保的，好想买他一个试试。看到手机上的“护眼模式”，也不免探寻可有“伤眼模式”的存在？正像长袜子皮皮对店主说，你们有没有涂完可以长更多雀斑的面霜，我来个十罐。入眼种种，当今的消费式喜爱、掘骨式纪念——“为作者烧纸”比起忌日吃蛋糕，或是打着其他旗号的再损害消耗，诸如在小说或电影中，对非自然亡逝之人生前之事重做编排，到底哪个教人更难以生受呢？

金纸滔滔，幽明难辨。人猫实在觉得毫无愿力要抵制诚品、抵制圆方，因那无处不在的全球资本主义早已渗透到各人日常生活的时时处处，何况作为大型连锁书店和综合商场，它们自有在这个时代的衣食博物馆意义吧。记忆深刻的倒是在诚品某分店地毯式搜寻到早就断版的某册书——这样大型“离奇与松散”类图书馆的书店，生冷不忌、品类不拘地应收尽收，不应收的或许也收进来了好些呢——于其另家分店听过的某乐队 Live，在圆方今已执笠的某家电影院连续两天看同一出电影。机械复制时代的抒情灵晕，大概不外乎如此。

为了自身无能超克的语言和书写洁癖，人猫唯坚持弃用溯其词源，看来染黄涉毒的，时兴追加给猫的两个单字动词，而以相对柔性保守一些的“揉”和“酗”字代之——这算是“长吉好用代字”吗？又或者，在未来某个汉字终于拉丁化的无定年代，每个人想要写字却无从写起，只得无措地画个圈儿替之时，猫人和人猫们早已猫言猫语，纵浪大化。

曾几何时，人猫在其他领域认识的朋友，都不知不觉跨界跨到了有志一同的“猫友”盟军。碧水寒潭，断难再返。久米仙人空然望见多少决绝的细洁足踝。鹊桥俯视，人世微波炉啊。

譬如台湾女孩小 A，第一次碰面是在几年前冬日凌晨的羽田机场，观剧同好之一。妆容精致美丽的小 A，看起来和任何一位年轻 OL 无异。她自己家里有两只领养的猫咪，也深谙街猫生涯之大不易，是资深猫人。小 A 劈头便说：“我们辛苦把街猫抓去绝育再放归，但总有一群人嚷着：‘让他们生，让他们生’。”果然频道对了，说话都在点子上，若非亲耳所闻，人猫也不能相信有这种喜出望外的缘法：初见便如知己。

小A所言甚是，这真是我们，这个“我们”应该包括猫人、人猫和广大猫天使们——一段时间以来共同的困惑。这世界向来不乏以人度猫的思路，认为贸然剥夺他们的生育权太不人道，至少尝试了第一次的人/猫道再实施抓扎之策也不晚。但那猫族爱情的结晶——仔猫们可能就此成为寻欢作乐的副产品，更不堪者，就是猫生的结石了。如果一窝仔猫刚出生就面临被集体处死的绝境，那他们出生的意义何在？人族关于堕胎和安乐死的争议尚且未有定论——生死都不能自主决定，也真的可哀可叹——如此目睹其他物种的鲜活幼体为死而生，竟可以无动于衷吗？

直到有一天听到猫女说，她曾经在实践TNR之初也有过种种犹豫，直到目睹幼猫们——甚至“来不及长大”为幼猫——那些最多只是刚张开眼睛看世界，幼失怙恃的奶猫而已——凄惶出没于市场，像只为揾食求生的老鼠仔，或者不幸膏于狗口甚或碾毙在车轮之下。眼下种种皆为今日死：那既不堪闻问，又一桩桩作为事件实在发生着的八百万种死法，每目睹一次都是对心脏功能的巨大冲击和考验。从那以后，她面对TNR中之“T”，再无半点犹疑之心，就手起刀落，一一抓了扎了，好了歌歇，就当是以牺牲生育权换生存权吧——两害相权之际的无奈取舍。

是这样好，还是那样好？我救了TA，还是害了TA？实在不想爱你变成害你，于人猫之际，人人之际，猫人们不能停止自我诘问。人，是有限度的人，只能当机立断做彼时彼地心下认为最对最非此不可之事。落爪无悔，调校与矫正的机会，就留给下一次，再下一次好了。

行文至此，人猫也再再想到日前网路所见，台北车站那则提醒民众不要惊扰年年回此生产的某位母猫之告示，其下五色斑斓的各路留言。“爱有千万身”，一时一地或异时异地，处理同一种情况的手法因人而异，境随身转，怎么可能亦大可不必强求同声同气。这是猫人们所要遍历自己与同僚，乃至异见者之间“时差的故事”。恰似《夕雾花园》里缄默的园艺师所言：“花园是由许多时钟组成，有些快，有些慢。花园里的生命都有自己的时间。”猫人们啊，千万记住。其后园艺师又对女主角说：“打从我们相遇，你已经是我的责任。”——这语气何其熟稔，会是猫人们对街猫们的暗暗盟誓吗？

语已多，情未了，笑说未曾道。

兴昌里TNR元年，猫女姐妹抓扎的街猫总数是六十几只，第二年二十五只，第三年十二只，第四年六只，第五年开始持续下去一路凯旋高歌，零、零、零。逐年数目大减半。

数字在说话。足证这是目前最有效的控制猫口、良性循环之法了。

那就让我们比照《音乐之声》那段经典的首字母唱诵记忆法，再来把从前的TNR，现下增其长度为TNVR的这咒语念叨上一遍吧："T是Trap（捕捉）的T，N是Neuter（绝育）的N，V是Vaccinate（接种疫苗）的V，R是Return（原地放归）或Release（释放）的R。"是为TNVR。

就有一段时间，人猫也不断自我重复洗脑曰：绝育和引产的区别只在于子宫里有无胎儿，雌性犬猫如未及时结扎，最大的危厄就是子宫蓄脓。若不小心外放，听起来颇像什么反社会人格的变态。所幸至今未遇到过要如此决断之例。但确乎是做过助产士预案的，也就是若遇猫母难产，如何协助剪断脐带的简单做法。好在连这都没用上。所亲历而最难忘怀者，莫过于两只虎斑白的生死线上交接事件。

虎斑白者，看似突兀的矛盾语。意指猫族身上，因有虎斑和白两种毛色，被虎斑深色块反衬得更鲜亮皎洁的白。相信见过并偏爱白底虎斑猫的人们，必能对此结论会心一笑。这种白因其不同于通体雪色的纯白，在掩映下愈发显得难得与晶莹。大约八年前，还在京城的宿舍做中途时，第一头寒冬来奔的白色孕猫妈哇哇，于春日里一举生下六只小猫仔，其中最活泼凶悍的那只，就是虎斑白的猫小子。

每逢他静静睡着时，宛如天使，任人伸手在其颈下怎么摩挲都不会怒声抗议，只是咕噜着，向黑甜梦境中下潜得更深更酣沉。一旦等他睡足，悠悠醒转来就全然换了一副面孔，开始到处毁物咬人。那可不是猫与人间嬉戏般点到为止的玩耍轻啮，而是不分轻重的狠狠啃落，牙齿印进肉里虽未破皮见血，打在腕骨上却是深入铭刻的痛感。不同兽类的咬合力有异，猫族的体型体重达到某个数量级时，是足以杀人成仁的。然而他显然意不在此。莫非他决定要做个猫中的小张无忌，好让经过同栖生活的人族永远记住他吗？将他独个留在宿舍整日后，开门所见的景象如台风过境，满屋飘落的都是纸屑和撕碎的塑料袋，一天世界。他甚至将一个材料薄弱的淡蓝色字纸篓完全解体了。

领走他的第一任主人是个时髦青年，来会面的地铁站接他时特地背了才买的崭新猫包，为他取了上一个已逝的身畔活物乌龟的名字，仿佛沿用的年号一般传递在新旧两帝之间——桃子。未久，青年在线上传来讯息稳健报告曰：他连环作案，弄坏了凳子，扯烂了浴帘，把我大腿咬到出血——现在他就差吃人了——青年不忘补上更为沉静的一句，听话听音，显然他做好被吃的觉悟了。

之后青年不得不将他转送一位养猫多年，才失去暹罗爱猫不久的女生朋友。非为他犯罪累累，而是青年的女友对猫过敏，实在难以长久居于同一屋檐下。那女孩家里猫屋、猫树一应俱全，对猫咪耐心无限，是最佳的托孤对象了。

未几又听女生说他做坏事，咬断了新主人家的光纤，兼有其他创举。看来他全无通常猫转换环境会出现的适应问题，打算一咬到底了。果真有一技傍身，便可轻松打遍天下。但男女主人都笑而不计，于是他们二人一猫，继续幸福快乐地生活在一起，直至白发千古。

送走小子是日，正逢惊心的二〇一二年七月二十一日，京城特大暴雨，灾害性气象出现。所以他是个雨男吗？只知道那天早晨还是艳阳高照，傍晚坐校车归来时，车窗外雨帘如瀑，天地一片汪洋，岂止牛马，几乎人鬼什么都快要辨认不清了。

雨那么大，行车本身是冒着蛮大风险的。事后才懂得要害怕，当时心里却是有几分好奇兴奋的。人猫干湿不分地爬回宿舍，同一天晚上，迎来了另一头暂居猫妈妈的三位新麟儿之降生。这位猫妈小楚也是虎斑白，在捧抱中发现她已破水，有少量淡黄色液体淌落在瓷砖地面上。好在此前一段时日，初期察觉到她腹大如鼓时，就早早在对面书桌下以大只的装书纸箱铺好垫布，为其布置下一个预备的临时产房。

破水后，虎斑白猫妈笃定走入纸箱之中，在嗓子里呜呜低鸣着，抓碎一点纸箱内壁，剥落下来若干纸屑堆积在其中一处箱角。而后人猫从第一只初生猫婴娩出开始，逐一见证目睹了全部三只小猫的落生过程。难得猫妈信任，没有半点不悦和闪避之意。每一头湿漉漉的小猫脱离母体时，外表覆裹的暗灰色胎衣泛闪着微光，那是生命初萌时自身就携带到世间上来的能量吧，细弱但足以自我庇佑。他们形同一个个庞大的虾仁，要靠猫妈舔舐并吞吃掉胎衣——一股腥然血气随之升腾而起——再耐心一点点用舌头烘干胎毛，才有像模像样的小猫形状与轮廓出来。

落生之际他们犹是双目紧闭的，真正张眼看世界，那就要到诞生两周之后，缓缓睁开清亮的小眼睛，像晨早最先蹲伏在草叶上的露珠们。就算“张目”原本不是字面上这个意思，对于猫族而言，实在是很重要的生命启动仪式了。放空时常会发想，来日或可像同姓的先驱医生那样，开间医院，只是要做成专门的猫产科，从此做定产科医好咧。

往后好歹克服了从不观流行影剧，更不想要看刻意将动物萌化卡通化之闹剧的高度戒慎心理，有天偷偷分出一只眼睛看了《猫侍》的人猫，乃大惊，这岂不就是那段自我隔离兼独居的猫时日之复刻吗？其时正在闭门造纸中的自己，和浪人主角天天糊纸伞贴补家用，转即被猫印下梅花或一掌抓烂的遭际并无不同。不与人世相闻问，亦差相仿佛。只不过浪人久太郎是积存了满抽斗的家书一封未拆，人猫是连电话短讯都能省则省了而已。Neko Zamurai（猫侍），人猫感到为猫天使们找到了新名字，是为了卫护猫族而生的散兵游勇们哪，不入主流，然而自得其乐，心怀“立斩，立斩”的决心誓要与跟猫族为敌的恶人战斗到底。

到得第二季，那“No Cat, No Life”的口号更好翻译成“无猫不成活”吧。只是第一季开头的雪地寻猫场景，白茫茫一片雪原中落下的红绳金铃，竟回荡起些许“玉带林中挂，金簪雪里埋”的悲怆之味。金声玉振，雪粉雪尘雪崩，雪路漫游。没料想的是主演俳优也是真猫人一名，会在排演打斗场面，特别持剑抱猫时特地放低重心，为了不要让猫过度惊吓。最后猫竟然得以在猫人怀里安然入眠。猫人且说，实拍时猫咪会从现场悄然溜走，众人大动员去找猫，实在其乐无穷。

追究其动物因缘，只怕同他们兄弟俩幼时家里就有养狗难脱干系。两只狗的名字都是他起的，其中一只怪里怪气地叫作“机器人”，似乎得名于兄弟一同看的动画电影。至于童年的狗人兄弟如何过渡到现今的猫人，那就不得而知了。其兄近年返老家探望父亲时，一向不忘关怀家里的老猫豆豆，直到他辞世为止。

猫人弟弟赴台做《猫侍》影片宣传，顺带协助台北流浪猫保护协会拍摄了送猫套图，送养了四岁大的斗眼黑猫，很巧他同名地也叫豆豆。这样的毛色和年龄，加起来堪称送养中的老大难猫咪，故长久乏人问津。经由猫侍加持之后，过了一段时间便顺利送出了。

令人感念也慨叹的是，那真不似寻常演艺界人士为显示自己对动物亲善摆出的刻意造型，浮夸的人族占据画面中心，动物只是陪衬和附属的配饰，而是一场难得黑猫与黑猫的相遇。若非长久待己似猫，视猫如己，很难和初见的猫轻易鼻子碰鼻子，达及如此亲密无间的距离，那拢猫抚猫的手法也颇见专业。

果不其然，猫人弟弟在其他片场中也稍有机会就伸手去逗弄那些路遇之猫，路猫们或顺势随手倒地，或坚拒触碰一路向树丛深处匿逃而去。自然之子一般的猫人弟弟，在悠悠道起与其他动物的相处时，无论对方是马还是大象，都驾轻就熟，非常容易与之打成一片。

懂猫与不懂猫之间，一个人一个世界。

这可能真是“全上来”“都下去”式的家族基因加成。猫人哥哥早岁留影中，有一张便是抱着黑玳瑁——“黑玳瑁是好猫”之顶级难送黑玳瑁是也——蹲坐在夏普电视机纸箱里。就算初衷非关送养，恐怕也有好事者会因这广告感十足的画面来探询猫事的。

跨界猫友中，还有也是台湾女孩的小F，二〇一二年十月，在她研究室初见的黄白猫糖糖，猫如其名，有着黄糖加成白糖的双倍甜度。八年之间，于网络遥望她从甜丝丝的小猫，到中间一度令人忧烦的猫癣大作战，再长成如今的肥满大猫。真是花了一场好仗打过去所用的时间了。常言道白驹过隙，就没有被卡在那罅缝中的风险吗？白猫是一定会有的，乳猫一暝大一寸不说，绝育以后势必体量倍增。猫时猫分，秒秒必较猫时计。

熏风一度，小猫一批。春秋两度奶猫季，比人世婴儿潮更难将息。那一窝同胞猫咪往往被集体投掷或遗落在从来不适合有猫的人家门前、公路边上。猫女一家便收到过后来转手 Leaf 和 KT 代为 babysit 的四小虎。另有幸运人在花莲捡到五音橘子，那五颗小毛球认定他是跑开又折返的猫母，集体发足向他奔来，遂取名哆来咪发嗦而非宫商角徵羽。小猫四五只尚属一奶同胞的中位数，还好这两次都是很快分发完毕。中途不易送养难，由于老早划去自收进家的后方这一选项，才能扚起心肝大力倾销，务求手头不留一猫。而不能“每个人，都要学习写一些没有回信的信”，若一个人在投稿、求职、卖保险之前，自觉执行此等需要精准命中率的任务心虚腿软，或许可以从送养猫开始他初步的“风格练习”，零秒出手，再无迟疑。

猫且偷生，人且放浪。人人猫猫，两两相忘。

那些送养的放归的收编的，蛮好汇为一曲猫人们特制版《你的名字我的姓氏》，有如分类学命名新物种“林氏树蛙”，可有长年读者记得《猎人们》里的朱旱停吗？去除物种隔阂，成为同冠一姓的家人，隐隐实现了“多元成家”的愿景。

眼光放远，万事皆悲。看来看去看多了，就看到更多不忍多看的。“为什么菩萨低眉？”这条看似遥远的问题，终于有了更切近的答案。从微博微信的简体中文，看到脸书的繁体中文（可能顺便在某个香港猫咪群组里偷跑补修粤语），再到推特读起来磕磕绊绊的日文汉字表达——有些不需转译亦能略解其意，像那粗体标题写着“子猫让渡会”“扩散希望”的。媒质与语言的越境之间，漫山遍野都是猫咪的送养信息，或者掺杂进来的寻猫信息，甚或更惨不忍闻的其他情状。真像每开辟一个新的灶眼就要多坐上一口锅，每一口都急促锐叫着沸反盈天了。

上海有高架猫，香港有天台猫，各地都有车底盘猫、校园猫、社区猫，空手空臂真街猫。其他小分类下，尚有店猫、摊位猫、公园猫、网路他人之猫、Google Map 陈迹猫……举目皆猫也，眼界大千皆泪海。第一阵线的人永远焦头烂额、身心残破，缝缝补补乃至于无法连缀。新三年，旧三年，如何继续再三年？“给世上摇摇欲坠的我，给一切明明是对的错”，医必治己，而后再谈得到救人助猫。形同高空走钢索，须得握持一条平衡杆。然而心里最底层的钢板亦有可能一朝遭酸液腐蚀瓦解，再来时要记得用更好的合金钢材料重铸。为了不身心崩毁，不囤积动物，不挪用公款……切勿失序，起码维持人形，相信猫人们各有秘技。

好比借鉴某位雅人自述中惊心之句“我已将我某部分神经完全杀死”，这有点像猫女姐姐所说的切断电源自我保护，或是人猫自己发明的分类守则“活着养，死了埋，走过匿”，甚至是听到藤泽周平原著改编的时代剧里三十年后归乡的老渡世人说：“生者必灭，会者定离”，又或是轻灵跳脱，思路与易感的水土之人玻璃心肝眼泪水迥异的风象处理法："我爷爷在天上看着我呢""我们哥儿俩要相忘于江湖""生命什么都不是""远行人有少年愁"。拼今生，对猫对人，为伊泪落。

爱比死更冷，死比死更冷。除了道上同志彼此扶持的有情一哭，我们也在努力找寻平面外的支点哪。言说至此，怎能不提那久读成诵的《舞鹤猫》一文咧，其人洒落来去，千里不留情的待人待猫之法，委实让人羡慕都羡慕不来。"沉静中的狡捷，漠冷中的情炙"，在人在猫，都是无比向往的生存状态了。

以上万法，即使不是药到病除的心灵保健包，至少也百废一用暂时分了点力道出去。尚有某年酷暑，人猫猫急乱提议，不吝馊点子支招地推荐早忘了哪里看来的民间土方，采取五行生克原理的"剪刀大法"给上山下海寻猫不得的猫女和猫女姐姐，居然歪打正着地借此先后找回两猫（若没记错，第一个是台风孤儿猫苏拉），临了不忘抓住归猫两手绕阵法一周以答谢灶神。

只因第一回试用前两周以来，听闻南方岛屿的真夏艳阳之下，姐妹俩找猫找到心焦魂飞，双姝大地女神发愿苦寻被冥王掳走的女儿般形容枯槁、面色黧黑。人猫实在觉得看不下去啦，救人要紧。没想到偏方起大效，着实意外惊喜。唯不打算求证，很怕坐实的，剪刀大法再多一层西方隐喻的人与猫因缘会否是："我们像一把剪刀，相遇时只为了分开。"

此法且被叶子接手发扬光大，在脸书贴文再度广推之，她亦凭此找回了几只猫。

由此可见杂学旁收之必要？譬如怎样清洁灭蟑，怎样走合法程序带猫跨境跨国进出（某年桃园机场的鸭赏猫不在其内），怎样带人族幼儿坐飞机……纷纷繁繁，十万个为什么和十万个怎么办，时刻准备着，要用立等可取。

终竟会有那一逸不归，成为人心之上永久挂牵和悬念的猫口。猫人们迎生送死，常常难以克化，街猫一世，草木一秋。这都已经不是推石上山的西西弗斯，而是朝生夕噬、抉心自尝的普罗米修斯困境吧。“将猫拍得像人，将人拍得像猫”，时常都会无聊畅想，可会有哪位导演来发心拍上一部《东亚猫谭》呢？只需日常缀行各位猫人与猫，那成像颗粒粗大，不须细细剪的原始胶片，就是最好的实录了。

猫人们但凡一息尚存，都想要盗取并传播开去，不使教熄的那火种，无非是尊重和善待其他物种的观念，以及如何在具体的城市社区开展最基本的 TNR 介入行动。如果不爱，请不要伤害，是不是已经退无可退，到达相异物种相处的最低法度？然而总有人屡屡突破这底线，这就到了猫人们不得不飙爪的时刻啦。

十七年前的 SARS，十七年后的 COVID-19，似乎出没即触礁，病毒变身另类试剂，引发了各路与动物不共戴天的人，以及假装喜欢动物的人言行大反弹。抗议社区流浪动物者有之，忍心抛弃乃至处死家中动物者有之。种种乱象，令人感慨。

这些应该就是传说中的后人类了，人工智能时代的后人类，“后”者，在不该存在的时空仍然存在，应该是直接从多年前复制粘贴过来的，古莲子萌发新芽一样可惊可喜，连说话用词都一式一样，毫无创意：不就是用“清理”“处理”这样的搭配无生命之物动词加诸原本跟你们一样的有情生动物之身吗？不就是自诩为“高阶人族”而用颐指气使的态度要求物业管理处人员代其实施恶行吗？不就是在混乱之际忽然跳出来唱大戏，教人知道“哇哦，幸何如之”原来身边就十面埋伏着列位芳邻吗？

拜托稍微睁开眼睛正视一下这个世界吧，这难道不是延期博士和流浪猫，在前者毕业之后，后者送养之前，立即身份对调，转化为流浪博士和延期猫的神奇界域吗？兄弟们啊，难道高等游民就不是游民了吗？回望《猎人们》和《我的街猫邻居》系列里所写到的精英邻人，以其傲视一切的姿态，狂呼乱叫，每每令人气结又不得不打起精神，有理有节应对。即如猫女姐姐在《带猫渡红海》里所写到的“帝景教授”，凭其一人之恶意几乎害死三条猫命，也有猫女点名的医生、律师……唉。

“有生之年，狭路相逢，终不能幸免”，人猫有理由相信，只要运气上好佳，就会遇到某些这类人的预备役。他们极有可能化身某双春风得意的青年新手父母，其中冠父之名的那位，多半坐拥一大堆学术经历和论文发表成绩，在通往学界新贵的想象大道之上狂奔，此时唯忧心忡忡以为楼栋下进出讨生活的浪猫，必将对其出生不久的宝贝疙瘩构成莫大威胁。他们也可能化身某位凡事皆精打细算之人，却要说那些尾随他或她到楼门口，喵喵乞食的猫们才是精明之辈。

他们无疑是信心满溢，优越感特强的，以为不仅自己的子嗣眼下含着金汤匙出生，自己更是必然能手疾眼快过他人，提前预约到未来之世的金拐杖，毫无觉知自己其实也是眼下全球学术移工大流动中的一员。冷眼观望，这样的父母果然是天赋异禀，见管理处人员并不回应其“速速清理猫”的无理要求，就又激情申诉一遍。这样的男士女士也会顺理成章认为，猫事不关人事，社区既然有流浪猫存在，那就活该那些管猫不顾人的爱猫人士去奔前跑后唷。

原来“老爷吩咐开窗买水果”的做法，并不因时移而事往。这就是城门楼子和胯骨轴子之辨罢咧，你和他讲动物的事，他偏要跟你扯为何不关心人。人难道不也是动物之一种吗？而且这样说的人，通常都是既不关心除了自己之外的人遑论其他动物的。如法炮制的是，你同他说美学，他非得和你谈不能冷落了政治，结果可想而知。

也有那倍加不怀好意的，奉劝猫人们空有对待动物的爱心，最好先关照一下自己的家人，哪怕远在天边。远在天边？

这就需要忍住不问候他们近在地下的先人吧。

泠泠回力镖射出，一发封喉：“不能善待动物的，必然也不能善待人。”而又有哪个猫人不曾听过类似“你这么喜欢猫就带回家养，不要只喂”的无耻谰言呢？听到耳土肥沃，可以栽培出荷兰芹和圆葱的这步田地。即使心怀大方、百炼成钢，只当风过耳，难免有时被点燃心头的熊熊火苗，想要据理力争。不为与人的恩怨牵缠，只为保得猫平安周全。

于是有些猫人发动大团结小统战之法，尽量找到那潜藏人海之中的近身同党，亦即某些协力作战，一同喂猫找猫的大楼管理员阿姨和门卫伯伯，以及方圆十里内日常隐身的其他猫人们。至于彼此接头以后，焚膏继晷还是焚糕祭鬼，两处茫茫皆不知。

有些则努力过滤情绪，像写电器说明书文案，但求清晰明了，成条见缕，发心写下了对事不对人，从正面建立观念，免于人事对峙的倡导文，以拙劣三段论逻辑“好人都会这样做，你是好人，所以我们相信你会这样做”情感拐带地循循善诱之。

倡导文，不完全统计其内容有：有关实行 TNR 的五 W 版 SOP。从小和动物一起成长对人类幼体有益。孕期养猫会感染弓形虫为何是谣言？除非你直接取食染病猫咪的新鲜遗矢才有可能中招。猫有猫病，人有人疾，猫不会传播 SARS 或 COVID-19 给人。相反，那些体内检验出新冠病毒的大小猫科动物个例，都是被确诊的人族感染的。凡涉动物之事，不要都想当然推给志工，但是可以由社区与当地动物团体分别出人设笼，友善合作，以调和居民矛盾，且有远近成功先例。再有就是，偶尔也请读读诸如《动物解放》这样的书吧。

猫人们这时总错觉自己才是妄图语冰的夏虫，但口燥唇干也仍然说了又说，希求能多少感“化”消解一些矛盾，最低纲领只求化敌为路人就好。深知愤怒无能，悲伤无用，那么我们就笑着打下去，不松手，不停手，打到赢为止。我们不弱势，不少数，不边缘，以少胜多，一个顶俩，笃信的是“无处非中”。

无端端地，人猫脑海中大字投影，跳出以下这段《安堂机器人》中的台词：“守护你就是守护未来。为了保护你，我可以杀死任何人。如果全世界都与你为敌，那我就毁掉这个世界。纸上谈兵的正义，是没有意义的。守护某某某，是我自己的意志。”就有《猫志工天文》里的永慧不畏撂狠话，亲身践行了这不是“纸上谈兵的正义”。要说那蓄须唬人的写字鬣蜥，淡水猫存亡讨论会上刻意亮出肱二头肌的某店主，他们常萦心头的同样在此。“地狱不空，誓不成佛”说的也可以是甘心化身厉鬼久占地狱之位，以卫护最重要的人事。

一分为二，“以领养代替购买”和“以绝育代替扑杀”前者保我，后者退敌。为了射准一颗子弹，需要储备一个火药库，且当平时如战时，做好心理能量的提前蓄水，以之决志和自壮行色。会挽雕弓如满月，写作不也一样吗？右手不能写了还可以开发左手，“烧了这张脸，还有双眼分辨”。目盲了那就口述吧，不方便写母语，那就用外语替代。现在不也有那种只需转动眼球，就能把讯号转换为文字投在屏幕上的装置了吗？

是了，只有钢筋铁骨机器人方能担此大任，动心忍情，无往不利无坚不摧，而自身犹得以完好幸存。可就连机器人也是要及时充电的。人的后颈上为何不能多开出一个插线口？从文本到行动，都不是给人余裕，得以自然转换方式的过程，而是文本和行动中不得不择取其一。时危情急，不暇比兴。是为“火场中绣花”的熬忍功夫，是双人搭档配合接发球，也是姐妹联袂出征，埋头执行有时并不全然美丽，甚至悲壮莫名的任务。

如那“一火了之，余无所嘱”的周公（周梦蝶）在《既济（七十七行）》末几行所郑重写下的句子：“指着未来的月面佛起誓：将彼此 / 打造成一双玉人 / 玉艳玉清玉玲珑玉温柔玉坚贞 / 合起来是一双人 / 拆开来依旧是一双人”。这大可挪用来送赠猫女和猫女姐姐，甚或一切有着分合自如经验的猫志工好拍档，不管他们的人间羁绊为何，四手联弹有之，各自作战有之，“我（们）选择不选择”。

是以高度自觉，爱人及猫，念家猫兼顾街猫，自知“娶了野生动物”的写字饕蜥只有送出衷心祝福：“所以放心地去吧，去把那只猫、那个人、那个世界救回来——”，并（不）坦然接受“小说掉落到（猫女）工作表的第二第三第四顺位”。

温柔之必要，肯定之必要，一点点喟叹和拍肩之必要。尽管长期以来，他总是感顾猫时间忧文学共和国地说，不止一次劝勉家里最好不要再有新增猫口了。苦谏大半无效，猫生自有定数。到了近年，猫口策略有变，呈收紧态势，方有了维持屋里十九(目前该是十六)猫,屋外四十猫的稳定格局。

以往姐妹俩苦于不能同时外游，乃是必有一人留守坐镇，照拂猫事，二〇〇八年夏的南京如此：猫女姐姐接到猫女隔海来电，报告有猫钻到床底三三时代发票箱中之事。二〇一〇年的京沪春夏亦如是：猫女和猫女姐姐分别在四月和八月成行。到了二〇一八年秋的北京，却因事成人，闯关成功啦，多年来首次打破有猫在，姐妹不同游，游必有方的惯例。

人猫姑且从无序记忆的声音档案库里，提取出以下这段某月某日猫女和写字鬣蜥的简短对话——

“某某某，你记得一会儿要去喂猫。”

“我当然知道要去喂猫啊，我又不是新来的。”

“我是怕你一回家就直接上楼去了。”

恨不得晨起就咣啷打开任意门，不事梳化，一脚迈进咖啡馆工作地的写字鬣蜥，每一向晚猫时刻，暂且放缓步伐跟从猫女，在后面抱着较为沉重的水瓶，走到了喂猫动线上的某一个点就泼剌浇下水到水罐之中，无他，但手熟耳。

会对猫女说出“要勇敢”之语的，在雨中之猫纷纷奔袭回家屋那时，信手抽取纸巾顺次向小翼和券券、鹰鹰身上搽掉雨水，并对小翼喃喃猫语着“大猫咪，我来帮你擦一擦”的，橘后夜读兼带支球棒守夜的，是他，是他，还是他。守着阳光守着你。

“你忽然想死了，那人就脱下彩衣来盖你，天地多大，能做的也就是这些。”无怪乎《初夏荷花时期的爱情》里反写《紫阳花日记》式的伪中年危机到底不成，《三十三年梦》里有载的明月院本事实在太令人艳羡了。

不知他随行侍卫兼帮手猫女，同赴喂猫巡游征程时的内心独白，会否是如那乍看人类性情光谱上与之最远距的浪子心声——《镰仓夫人》中首如飞蓬半梦半醒，穿着毛衣卡其裤懒卧沙发内，将酒瓶夹在两腿之间，宁可教自家的狗学费马大定理也不愿与人往来的能势广行的名句——“她还有救，你已经没救了，所以我要和你患难与共。”“她”在此大概率是指猫女姐姐。

生命的污损、灭失和凋亡就赤裸裸地暴露在眼前，漫无收管总要有人伸出援手，即使自知远非小叮当那般万用万有，再做其他的都缓不济急。故此写字鬣蜥发出“一位一流的小说家却救不了一只猫”的浩叹。小说家本就在语言和世界的废墟上努力披沙拣金，形同拾荒者；或者从死寂无人的太平间里偷出遗骸，对之吹气施救，是为运尸人。君不见曾有前辈作家被讥讽为死人化妆师吗？若当它是一句千回百转的赞词，有何不可呢？

人只能做其个体认为对的事，永远坚定地站在自己的这一边。说到底众口难调不须计，与其天鹅拉车千手观音，莫衷一是，倒不如刚愎自用一往无前：虽千万猫，吾往矣。知其可不可都要从容为之。

万花飞舞春人下。看久了猫生猫事，惝恍间左右爪分执一书，青春鸟（猫）纪念册和录鬼簿，东望眼泪，西顾泪眼。增增减减此消彼长之间，人猫常觉此生此世，自家唯一愿意拣择的名义上社会家庭角色不过是大槐安国国民，寄居水云乡，“（猫母子们的）意外爸爸”，真心实意，民胞物与，就像某部无头无尾海参一样的港片结局，那疯跑追上已缓缓启动的大巴，喊停时间喊住离人的痴心男子，对车中女子所言：“你带着孩子一起回来吧，从今往后有粥吃粥，有饭吃饭，大家一起过好日子。”

之于必须离别送养的猫，特别是猫妈妈，亦有着“最美丽长发未留在我手，我也开心饮过酒”的真切复杂心绪。也因此自觉非要找某个关系站位不可的话，既非我的街猫邻居，也非我的街猫朋友，而是我即街猫的奇幻状态吧。若能不为校园动物学院动物的形格所拘，悍勇成为顽强生存的云集云散街猫们中之一员，即使往后皆余生，猫生无晚年，想来必也了无憾恨。

看久了可爱可敬可佩可感的猫人们，每一个仿佛都熟口熟面，令人心酸眼热。

即如猫女笔下的“我们仨”之外的《他们俩》，是在姐妹们出生之先就收养了家中猫大哥狗大姐的两亲，是古道热肠的“三三”供养人，台北的“朱家餐厅俱乐部”创建者。

像是朱门三姝平行宇宙的群像投影，同样竭尽心力照顾犬猫多年的黄家三姐妹，她们亦有着相似易混淆的秀丽名字。比起犬牙塔内虚妄事功的迟疑挣扎，更无怨无悔投身家里家外的动物事务，坚持长年在其大学课堂上讲述动物与文学与社会或城市关系，写动物文和动物书的宗慧、宗洁老师，以及她们留在岸上照护两个妹妹的大姐。

读猫园的那布郎，健行者更是践行者地走在前面，独自步行环岛两三趟，以推行“校园犬计划”，十几天打台北走到花莲。猫女伙同猫女妹妹和少年友人慷慨随行，走啊走地走出了下一部长篇的计划。

旁观旁证这些漫长无归路的伤逝，总会激发贾宝玉式的怜惜之心。长期阅读她们的脸书猫记事，寸寸柔肠，盈盈粉泪，常常令人不忍多看。交浅岂可言深，不宜贸然惊扰。况且以她们的刚强柔艳，也不是任何托大的安慰言辞能够奏效的。那就像海边依从在街猫身畔的电杆木，抑或穿墙而过留在障壁上的空洞黑影，徒具轮廓地无声做伴吧。如像紫荆花和雨水管，本来是不相关的存在。

人猫默默祝祷她们能好过一点，能找到无须太过嗟伤，化渡生关死劫的较佳方式。耽久了便似加拉巴哥群岛的海鬣蜥成日价枯坐海边岩石上，对着大海喷溅盐泪。也许“为了你们的光明，有人已在暗地里赌上她们一生的天黑”或者“欲求半条光明的尾巴，先要肩起黑暗的闸门”——但愿这些感叹不是轻佻的三流文艺腔。

这般生生死死随人愿，猫猫狗狗由人恋，便酸酸楚楚无人怨。

此外还有王家祥、忆珊、翠珊、小郑、忽忽，等等等等。猫女想要在这一辑里写下她心目中的猫天使“英雄榜”，因猫人们大多昼伏夜出、行踪不定、独来独往无法集群，是比街猫浪犬更加无人知晓的存在。按照猫女姐姐的形容，猫志工若不是情非得已，都绝不会轻易“出柜”现身，暴露目标的。

网路怀古，淡水有猫，更有猫人。过去未来现在，往昔近昔瞬昔。

趁着还能回头一顾，人猫伸爪一捞，拾掇起猫女姐妹的各类猫言猫语。《吸血鬼》之后有《厌世文》。二〇一二年五月间，人猫在台大诚品买了当期猫专题《字花》，行至台一牛奶冰内坐定读毕《吸血鬼》，兼听邻桌老姐妹们交流着家庭近况和最新合照，而后起身，从台大出发缓行，打舟山路那边一直走到科技大楼捷运站附近，直至遥遥望见了“三重”的蓝底白字路牌，方才舍岸乘舟，重新钻进地下搭上棕线。汗蒸与泪湿的水分流失勉强两下里平衡：“我们的乌鸦鸦死啦”。成住坏空台北城，里内日夕相见那每一街猫，都是她们“小心养大的水银”，都“生来为了遇见你，与你分离”，也都“自从认出亲生的你，自小摧毁我的美丽”。

猫女姐姐某日讲解兴昌亚种“黄骰子猫”的轻柔语声，言犹在耳。于邻近小学的暗夜寒流中，她呼唤“黄双双，黄三三”的声音也是一样。数猫弱一个，教我们如何不想他？屋里屋外，兄弟不同路，那是猫女姐姐将之比作王子与贫儿的两向命途。南北极。猫生或相见，动如参与商。

人猫同样记得那行至其猫生晚期风格的尾黄，颤抖着想要攀爬坐上膝盖来，猫女姐姐担心它会恣意方便，因而伸手将它抱开了。人猫自动消音没说出来的是：只要它开心，怎样都好，因不想显得是刻意怜惜。

蹲踞刚买来的热便当上暖脚的橘子，差点一脚踏进芋泥卷的橘子。在人族来得及反应之前，先埋头下去深深在瓷杯里喝上一大口水的小翼。渐入晚年，终日在后厨彩色方格毯上午梦昏盹的小翼。大头大脸大骨架，格外得人猫眼缘的小翼。

趁猫女签名时溜过来，在二〇一四年二月号印刻杂志上盖了梅花章的券券。每次灌药时很难抓到的鹰鹰，只有猫女姐姐能一擒必得，右臂将它头夹在腋下，左手持药瓶喂之，稳准快。静静卧在长椅上接受输液的橘兄弟，基本不躲不跑不逃。

目珠水水目睭金金的呸咕，坐在桌上好爱清谈地发出嘹亮高亢的嗷嗷之声。猫女姐姐笑说："呸咕的脸长得像老鼠！"

猫女姐姐说，街猫剪耳初时，是去其耳尖为记，男左女右，以示已绝育，省得再遭二茬罪。台湾有些医师手面豪阔，大起大落一刀下去，剪下小半爿耳朵，刀口平齐。后来取法东瀛，学了仅去耳尖缺口的樱花瓣式剪耳法，就秀气精致许多，也算是微创之剪。果然细察上野公园内的野良猫随拍，抑或濑户内海小岛的 TNR 宣传海报，其上所载都是：耳尖一点樱花剪，令和元年时世妆。

一次次谈起与街猫朋友们的故事，最为令人不忍的那回，猫女将甜橘之逝讲成了血橙悼亡，在座听众无不眼湿湿的。猫女姐姐则尽职尽责做好入殓师，将它包装成一件至美的礼物，于再生界边缘含泪道别。

猫女姐姐又说，每次上到某高处住宅喂猫点，取藏在树丛中的水罐，夏日炎炎就会有"一整只癞蛤蟆趴在里面"贪凉休憩，"我一敲罐子，它就跳出来"，这段可又把听者笑坏啦。

"一步一步走向无光之所在"确有其事。某一次人猫跟猫女有样学样，在全联铆起来买了一批猫罐，用纪州庵出品超结实的无纺布袋拎装运送途中，灌园叟晚逢仙女地撞见正在她独自垦殖的“荒山猫保留地”躬身喂猫的猫女姐姐。印象中那真是一片小小的荒芜之地，二楼铁栏杆生锈了，地下还放置一台被附近居民弃置的米白色洗衣机。猫女姐姐全副外出装备，罩衫水鞋地专注侍猫。

桂花人家（不）写字。“哪得心如荷叶？水珠转念无踪。”不得心如荷叶，一定是因心如莲蓬，也就是马蜂窝的稍微雅驯写法罢了。断念断尾断腕，断舍离之后有守破离，哪一样都没做到。

最无法直面的时刻，伤停时间。《三十三年梦》，猫女的橘后书。著者不可重述，读者太难重读。若说有些时候，理论能权作填充物，如蘸了麻醉剂的药棉团暂时平复情感剧烈波动的伤魂。那么关于哀悼的理论则玫瑰逆插，除了教人愈发失心丧志之外，再无半点益处可言。

赖抱的橘子，有点点斗眼的橘子，一向鼻子过敏容易打喷嚏的橘子，眉心可刷条形码的橘子，殷殷照顾家里新来小猫的橘子，永远的哥哥橘子。“为友舍命，人间大爱莫过于斯”，因之有了一整块厚重纪念碑的橘子，独立于所有意义和情感之外的橘子，迟早迟早都会哪个路口再见的橘子。忍住不出爪肉掌抚人的橘子，同猫女碰鼻为礼、啃笔尖为敬的橘子。

《橘家》里被历历记下其缩微家族史的橘猫三姐弟：橘子、橘兄弟和他们的胞姐瘦橘子，总让人猫思及某部意大利童话中，剖开三只橘子分别跳出的三头金丝雀，哎呀，是橘猫啦，从此踏上他们迥异的猫生旅程。

梦里寻梦，书外之书。二〇一五年十一月，在读完此书后不久，人猫也陷入了一场亡逝大难。“这一次的离别也许就叫作永久”，爱无等差，一旦化身哀戚漫游者，沉落万里长梦的解离状态，就反复做一个噩梦，梦境主要内容竟然是无比意外的囤积动物：某处未名阁楼上，总疑心有着被遗落下良久不曾饲喂的猫，其中一些还是笼养的，无处遁逃。

永矢弗谖。冬夜里心缩成一团幻听到门锁撞击响，夏夜中长开着眼睛担心屋顶吊扇坠落砸到身上，笼在硕大的投影之下。过马路时心不在焉险些被公交车撂倒，司机怒吼说你是不是找死，内心嗫嚅回应了一个坚定无比的“是”。

二〇一七年八月，终于重会，听猫女缓缓补讲别来情事，并拿出一盒随身携带的橘子毛发。人猫默然哑然，想到自己珍藏的人族落发与手迹字条。猫女说，那时想着你什么时候再来就好了,和你说一定懂,并言其时最常去是找隐匿讲。“罂粟在观音的田里”，淡水河与观音山恒在，落日和每天的光。遥念淡水线与新店线两相分之后，人猫还不曾重返岛上。泪眼蒙眬中，金沙和橘子伴同粉粿奔跑在夕光里。

而今有河书店收掉了，人猫无法多作联想，要是任由心绪蔓生开去，就得提另再写一篇岛上独立书店兴亡小史，甚至是两岸的书店寂灭录：有河记忆，阔叶林记忆，草祭记忆；渡口记忆，季风记忆，什么什么的记忆。

正在收尾这篇东一片儿西一段儿的杂忆漫谈之际，唯有祭出一听就灵的保留战曲补赠猫女，那是SARS同年，二〇〇三的《无间道》粤语版主题曲 ：“我要为我活下去，也代你活下去挨极也未曾累。”

林泽民在他《喂食流浪猫的道德哲学》一文中，征引康德、桑德尔和麦金太尔关于功利主义和反功利主义的道德哲学论述，好好对猫女姐妹多年来的行动立场与后衬的哲学基础，做了一次精彩的演绎与格物。尤其动人的是《后记 ：漫游者的故事》之最后两段，且容引录如下 ：

> 桑德尔的社群主义，也许作为小说家的朱天心会特别感到贴切，因为他采取了苏格兰哲学家阿拉斯戴尔·麦金太尔（Alasdair MacIntyre）在《追寻美德》（*After Virtue: A Study in Moral Theory*）一书中提出来的“人是讲故事的动物”的立论途径。麦金太尔认为每个人的一生都是一个追寻的旅途 ；他既是这段旅途的叙述者，也是故事中的角色。在人生的旅途中，当我们自问“我要做什么？”的时候，我们必须要先知道我们究竟是在哪些故事里的角色，和我们的角色有关系的还有哪些人、还有我们所来自的究竟是怎么样的过去。对于麦金太尔而言，从目的、情感、认同、记忆抽离出来的个人是无法追寻美德的，因为我们的行动从来

就不是自己起头的单独行动，而只是故事发展中既有行动的一部分。我们甚至不是我们人生故事的唯一作者；我们顶多是共同作者罢了。要追寻美德，我们必须与我们所归属的故事达成和解，这包括纷杂的社群和分歧的记忆。

在流浪猫的议题上，和解是必要的，因为行动的外溢性（externality），不论喂食或捕杀都会影响到社区的共同生活。社区中的人们有各自的故事和角色，而这些故事和角色又相互穿插为文；喂食流浪猫的行动不可能孤立在别人的故事之外而在自己的故事之中称为美德。朱天心在《三十三年梦》中叙述了她自己人生这一段过程中漫游的故事，包括她与她的同工们在兴昌里、在台北市锲而不舍地“透过说理、论述、沟通”与社区达成和解，共同推行“街猫TNR”计划的辛酸，这正是桑德尔社群主义道德哲学的绝佳范例。

这又要使人浮想联翩，若比照那《邻里东京》的社区人类学写法，简直看到一部可期待的猫女姐妹版《邻里台北》呼之欲出，应该说，已经写成。

岁在庚子，全球大疫。今年有二二九，又是浣衣日呢。隐然的不安之感，却是打去年平安夜就暗流涌动了，该怪当晚温习了《铁线蕨的忧郁》吗？在这形神俱散、一事无成的